はじめに

　日本の財政は，極めて危機的な状況にあります。みなさんが，この本を読んでいるときには，すでに日本は危機に陥っているかもしれません。

　図表1を見てください。Ⓐ図は，日本の総人口の長期的な推移と高齢化率の推移を，日本政府による将来推計も含めてグラフに表したものです。Ⓑ図は，日本の公的債務（政府の借金）が国内総生産に占める割合の推移を，他のいくつかの先進国のデータとともにグラフ化したものです。

　日本の人口は，20世紀の100年間に約3倍になるという速さで増えましたが，2008年にピークに達し，このまま進めば，2080年頃には日本の人口は半減すると予想されています。また，高齢化率（65歳以上の高齢者が人口に占める割合）は，2050年頃に40％近くに達し，その後もその水準が持続すると考えられています。その一方で，日本の公的債務は増加し続け，すでに国内総生産（国内で生み出される所得）の200％を超えています。減り続ける将来の若者が担う財政負担は，増加の一途をたどっています。

　さらに，首都直下地震，そして南海トラフ地震という日本の中枢地域を襲

図表1 ▶▶▶人口減少と公的債務の累積

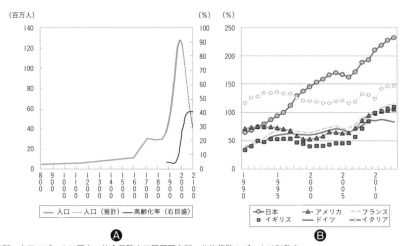

出所：人口のデータは国立・社会保障人口問題研究所，公的債務のデータは財務省。

う2つの巨大地震が30年以内に発生する確率は，それぞれ約70%と予測されています。大地震が起これば，税収の低下やインフラの破損が予想されます。また，気候変動，アジア地域における国際関係の緊張の高まり，原子力発電所の問題，貧困問題など，日本は数多くの難問に直面しています。

▶本書のねらい

　本書の執筆を依頼されたとき，まず感じたのは，このような日本の厳しい現状を理解し，今後のあり方について考えられるようになる『財政学』の本を書けないだろうかということでした。日本の未来を選ぶのは，私たち国民1人ひとりです。しかし，その未来に大きく影響する政策，とりわけ財政の問題は，複雑で理解しにくいものです。多くの国民がその問題を十分に理解できないまま，政治的選択が行われてきたのではないでしょうか。

　財政学は，経済学の考え方を用いて，政府の仕組みや活動のあり方を考える学問です。現実の財政の問題を考える上で，役に立つ興味深い理論や考え方がいくつも生まれてきました。本書でも，そのような理論や考え方を，できるだけ幅広く，わかりやすく紹介したいと思います。そして，本書では，他の一般的な教科書とは異なり，日本が置かれている厳しい現状を強く意識した説明を行ったり，練習問題などを作成したりすることを試みました。

　日本でも，選挙権年齢が「満18歳以上」に引き下げられることになりました。若い人たちの投票率が低いことが懸念されていますが，その一因は，日本の学校教育の中で，若い人たちが政府の仕組みや政策について学ぶ機会が十分に提供されてこなかったことにあるのではないかと思っています。

　これからの社会を担っていく若い人たちが，現在の政府の活動について理解できるようになり，望ましい政策のあり方について考え，判断できるようになることは，日本の未来にとって，とても重要です。よりよい選択が行われるための一助となればと願いながら，本書を執筆しました。

▶本書の構成と使い方

　本書では，財政学の理論や考え方を，4つのパートに分けて整理しました。
　第Ⅰ部では，政府の役割と仕組みを全体的に理解することを試みます。政府の役割について概観し，市場と政府について，「市場の失敗」と「政府の失敗」をキーワードとして説明します。第Ⅱ部は，政府の活動に関する分析です。公共財供給，経済政策，社会保障制度，社会政策のあり方について，日本の現状と課題に関する議論も積極的に取り上げながら，説明します。
　第Ⅲ部は，そのような政府の活動を支える歳入面の分析です。税の基礎理論を紹介した後，直接税と間接税に分けて，税制の仕組みや特徴について説明します。また，借金（公的債務）による財源調達に関する議論も紹介します。最後の第Ⅳ部では，地方分権，政治の仕組み，公民連携についての理解を深めながら，政府をよりよくするための制度設計について議論します。
　それぞれの章は，一気に読むことができるように，できるだけ数式や図を使わずに，財政学の理論や考え方を平易な言葉で説明することを心がけました。各トピックの議論の全体像をつかむことは，財政学を自習する場合も，授業の予習・復習をする場合も，有用なことだと考えています。まずは，各章をひと通り読んでみてください。

　その上で，ぜひ各章末の「Working（調べてみよう）」や「Check（説明してみよう）」の問題に取り組んでみてください。「Working」では，日本の現状を確認するような問題を数多く入れました。幸い今は，インターネットを使った検索で，さまざまなことを調べることができるようになっています。また，インターネットでさまざまなことを調べられるようになることが，現代人が身につけるべきスキルの1つになってきました。本書でも，インターネットで検索して調べることを前提に，「Working」の問題を作りました。
　「Check」の問題は，各章の内容の理解を深める問題です。それぞれの問題の数字の横に＊印がついていない問題は，各章の内容をしっかり理解することで説明できると考えられる問題です。これに対して，数字の横に＊印が

付いている問題は発展的問題です。

　財政学では、経済学の知識があれば、さまざまな財政問題についてさらに深く考察できるようになります。すでに経済学入門などを通して、ミクロ経済学とマクロ経済学の基礎を学んだ人は、＊印の問題にも取り組んでみてください。経済学の理論が、財政の問題を考える際にも役立つことを知るきっかけになるでしょう。

　なお、＊印のついた問題は、答えを確認してもらうためにも、今後、財政の問題をさらに深く考察できるようになりたいという希望を持つ人のためにも、解答の概略をインターネットで公開しました。参考にしてください。

　最後の「Discussion（議論しよう）」の問題は、いろいろな意味でチャレンジングな問題です。まず、多くの問題が、正解がないと思われる問題です。さらに、個人の価値観の違いにより、場合によっては対立が生まれそうな問題も取り入れてみました。

　そのような挑戦的な問題を教科書の中に入れることに、若干のためらいもありました。しかし、日本が現在直面しているさまざまな課題に対応していくためには、価値観と深く関わる問題も、積極的に取り上げて、議論を重ねていくことが大切ではないかと考えています。

　「Discussion」の問題では、自分でいくつかの論点を整理して、自分なりの答えを出してみるというトレーニングも有用です。しかし、小さなグループに分かれて、あるいは友だちと一緒に、議論してみることは、それ以上に有用だと思います。リアルな議論を通じて、1人では決して学ぶことができないことを学ぶことができるでしょう。それは、就職の際や社会人として仕事をする際にも、きっと役立つ力になるはずです。

　なお、財政学の発展的な勉強に関心がある方は、本ベーシック＋（プラス）シリーズの『公共経済学』（小川光・西森晃［著］）をぜひ読んでみてください。本書の巻末の「さらに学びたい人のために」でも、上記の『公共経済学』の中で関連のある議論が行われている場合には、紹介しています。

▶謝辞とメッセージ

　本書の執筆では，株式会社中央経済社社長の山本継さん，経営編集部編集長の納見伸之さんからさまざまなご支援をいただきました。また，同編集部編集次長の市田由紀子さんには，企画から編集まで大変お世話になりました。ここに感謝の気持ちを記したいと思います。

　日本の財政は極めて厳しい状況にあり，痛みを伴う改革が求められます。しかし，よりよい日本の未来を作るために，私たちは，前向きに改革に取り組むしかありません。本書が財政の複雑な問題の理解と改善に，少しでも役立つことができればうれしく思います。

2016年1月

山重慎二

▶▶▶目次

はじめに……………………………………………………………………001

第 I 部 政府の役割と仕組み

第 1 章 政府の役割 …………………………………………………… 012

1. 政府の現在・過去・未来 ………………………………………… 012
2. 現代における政府の役割 ………………………………………… 016
3. 財政学の世界 ……………………………………………………… 019
4. 財政分析の基礎 …………………………………………………… 021

第 2 章 市場と政府 …………………………………………………… 027

1. 市場と政府の役割 ………………………………………………… 027
2. 市場の機能 ………………………………………………………… 030
3. 市場の失敗 ………………………………………………………… 035
4. 政府の失敗 ………………………………………………………… 040

第 3 章 財政の仕組み ………………………………………………… 043

1. 政府の仕組み ……………………………………………………… 043
2. 財政制度 …………………………………………………………… 046
3. 財政指標 …………………………………………………………… 048
4. 望ましい財政の仕組み …………………………………………… 053

007

第 II 部 公共政策を設計する

第 4 章 公共財 ……058
1. 生活の中の公共財 ……058
2. 公共財の公的供給 ……062
3. 公共財の私的供給 ……065
4. 公共財の供給者 ……068

第 5 章 経済政策 ……072
1. 公共投資 ……072
2. 競争政策と規制 ……076
3. マクロ経済政策 ……080
4. 経済成長と地域政策 ……084

第 6 章 社会保障制度 ……088
1. 社会保障制度の概観 ……088
2. 年金制度 ……094
3. 医療・介護制度 ……097
4. 生活保護制度 ……101

第 7 章 社会政策 ……105
1. 労働政策 ……105
2. 子育て支援政策 ……109
3. 教育政策 ……112
4. 環境政策 ……117

第III部 財源を調達する

第8章 税制の設計 122
1. 望ましい税制とは 122
2. 課税と公平性 124
3. 課税と効率性 128
4. 租税競争 132

第9章 直接税 136
1. 直接税の体系 136
2. 個人所得税 138
3. 法人所得税 144
4. 資産課税 146

第10章 間接税と税制改革 151
1. 消費税 151
2. 関税と国際課税 155
3. 税と社会保障の一体改革 159
4. 国税と地方税の税制改革 163

第11章 政府の借金 167
1. 公的債務 167
2. 公的債務と公平性 172
3. 公的債務と効率性 175
4. 公的債務の長期的効果 179

第Ⅳ部 良い政府の作り方

第12章 地方分権 ... 186
1. 地方財政の仕組み ... 186
2. 地方分権の特性 ... 189
3. 政府間財政移転の仕組み ... 193
4. 望ましい地方分権 ... 195

第13章 政治の仕組み ... 200
1. 望ましい政治の仕組み ... 200
2. 政党間競争 ... 203
3. 国民・政治家・官僚 ... 207
4. 政府組織のガバナンス ... 211

第14章 公民連携 ... 216
1. 公民連携 ... 216
2. 完全民営化 ... 219
3. 民間委託とPFI ... 222
4. 新しい公共経営 ... 226

さらに学びたい人のために ... 230
参考文献 ... 232
索　引 ... 233

第 I 部

政府の役割と仕組み

第1章 政府の役割

第2章 市場と政府

第3章 財政の仕組み

第Ⅰ部 ● 政府の役割と仕組み

第1章 政府の役割

Learning Points
- ▶政府は，古代から現在まで，社会を治める仕組みとして存在してきました。
- ▶政府の仕組みや役割は，時代とともに少しずつ変化してきました。
- ▶財政学は，政府の役割を，経済学の考え方に基づいて明らかにします。
- ▶市場経済における政府の役割を分析するための枠組みを紹介します。

Key Words
効率性　公平性　社会変容　家族　社会契約　福祉国家　市場

1 政府の現在・過去・未来

　政府は，古代から現在まで，社会を治める仕組みとして存在してきました。政府の役割を考えながら，その歴史を少し振り返ってみましょう。

1.1 生活の中の政府

　政府は，私たちの生活に深く関わっています。日本では，現在，ほとんどの赤ちゃんが病院で産まれます。病院は，政府の厳しい規制の下で，医療サービスを提供しています。子どもが生まれると，親は役所に行って，出生届を提出します。政府は，国民の個人情報を所有し，管理しています。
　赤ちゃんが少し大きくなると，保育園や幼稚園に行くようになるかもしれません。政府は，保育園や幼稚園に対して，たくさんの補助金を与えています。さらに大きくなると，子どもたちは，小学校や中学校に行くようになります。日本では，国民が小中学校に行くことは義務で，基本的には無料で教

育を受けることができます。そのために必要な費用は，政府が支払います。

　子どもたちが，さらに大きくなると，高校や大学に進学するかもしれません。現在は，大学院に進学する人も増えてきました。そのような高等教育に対しても，政府はたくさんの補助金を与えています（第7章で見るように，教育への公的支出は他の先進国と比べると見劣りがするのですが）。

　学校での教育を終えると，私たちは社会に出て仕事をするようになります。
　社会人として働き，結婚して，子どもを産み育てる間も，私たちは，政府が提供するさまざまなサービスを利用します。ほんの一例ですが，国防，警察，道路，公園，ゴミ収集，水道などがすぐ思いつきます。
　また，政府が厳しく規制したり，補助金を与えたりしている民間サービスも，私たちは普段たくさん利用しています。たとえば，電車，バス，電気，ガス，銀行などです。さらに，怪我をしたり，病気になったりすると，病院に行きますが，私たちはその費用の一部，たとえば3割を支払えばよいことになっています。残りは公的医療保険の中から支払われます。
　やがて歳をとり，退職すると，私たちは公的年金をもらって，老後の生活を営むようになります。また，介護が必要になると，公的介護保険で賄われる介護サービスを受けられます。そして，すべての人は，いつかその一生を終え，その事実が役所に届けられます。

　このように，私たちは，人生の中でさまざまなサービスを受けますが，その多くは，政府が直接提供したり，政府が補助金を与えたりしているものです。私たちは，政府からたくさんの**便益**を受けています。便益という言葉は，経済学でよく用いる言葉で，便宜や利益のことです。私たちは，一生の中で，どれほどの便益を政府から受けているのでしょうか。
　政府が支出するお金は，国民が納める税金，社会保険料，そして借金で賄われています。代表的な税金として，所得税や消費税があります。消費税は子どもたちも含めて，すべての国民が支払う税金です。自分でお金を稼ぐようになったり，年金をもらったりすると，所得税を支払うようになりますが，

所得税を支払っていない人たちもいます。そのほか、企業が支払う税金や土地や家の価値に応じて支払う税金など、いろいろな税があります。

社会保険料は、年金、医療、介護などの社会保障を賄うために徴収されています。しかし、政府が現在行っている支出は、国民が負担する税金や社会保険料の総額を超えています。収入不足額は、政府の借金によって賄われています。日本の政府は、巨額の借金を抱えています。みなさんは、私たちの政府がどれくらいの借金を抱えているか知っていますか？

日本の財政は、大変厳しい状況にあります。この問題を改善するためには、国民が財政についてよく理解し、財政の問題を正しく議論できるようになることが大切です。現在、日本では、国民が主権者として公共的な意思決定を行うという**民主主義**の考え方に基づいて、政府が運営されています。

しかし、長い人類の歴史の中では、そのような民主主義的な政府が広がりを見せるのは最近のことです。現代の政府の特徴を理解し、今後のあり方を考えるためにも、少し歴史の中の政府を見ておきましょう。以下で説明する歴史の流れを、**図表1－1**にまとめてみました。参考にしてください。

1.2 歴史の中の政府

現代人の先祖となる現生人類は、約25万年前に誕生したと考えられています。その後の世界の歴史を振り返ってみると、社会を統治する組織（**政府**）は古くから存在しています。近代国家が成立する前までは、一般に、争いによって統治の権力を獲得した「王」（君主）が、**世襲**の形で子孫などにその権力を譲渡することで、組織としての政府が持続することが多かったようです。

王が小国家を統一し始めると、統治のための法律が作られるようになります。世界的には、紀元前1750年頃に制定されたハムラビ法典が世界最古の**法体系**の1つとして有名ですね。日本では、701年に制定された大宝律令が、律（刑法）と令（行政法）を統一的に整備した最古の法と考えられています。

現代においても、法体系は、政府のあり方について考える上で極めて重要です。私たちは、法によって裁かれます。特に重要なのは、どのように法律

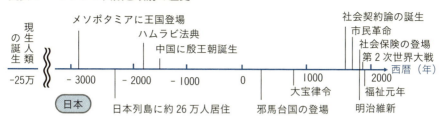

図表1－1 ▶▶▶ 人類と政府の歴史

が定められているかです。独裁的な王によって定められた法体系は，王の権力を高め，維持する体系でもありました。

このような法体系そして政府の仕組みが大きな転換を迎えるきっかけを作ったのが，**社会契約論**です。イギリスの哲学者ホッブズ（T. Hobbes：1588－1679）は，人が生来持っていると考えられる**自然権**が行使される**自然状態**では，**万人の万人に対する闘争**が発生し，生存が脅かされる状態にあると考えました。そして，聖書に登場する怪獣**リバイアサン**のような強大な力を持つ者（政府）に，各自が自然権を委ねる契約を結ぶことで，闘争のない社会が作られると考えたのです。

このように，平等な個人の間で社会契約が結ばれることで，国家が成り立っているという考え方は，その後大きく展開していきます。同じくイギリスの哲学者ロック（J. Locke：1632－1704）は，人々は，**生命**，**自由**，**財産**を，自然権として持つと考え，その権利を守るために政府と社会契約を結んだと考えました。その契約を政府が守らないならば，人々は，政府への**抵抗権**を持ち，政府を変えるための革命を起こすことも正当化できると考えました。

このような考え方は，さらにフランスを中心とする**啓蒙主義**の人たちによって，展開されることになりました。たとえば，フランス人哲学者モンテスキュー（C. Montesquieu：1689－1755）は**三権分立**を，ルソー（J. Rousseau：1712－1778）は**人民主権**を強く主張し，民主主義に基づく政府の基礎理論が作られていきました。このような思想の普及は，やがてフランス革命（1779－1789年）やアメリカ独立戦争（1775－1783年）などの**市民革命**を引き

起こしました。そして，選挙などを通じて選ばれた議員が政治的決定を行うという**議会制民主主義**の考え方に基づく現代の政府が樹立されました。

日本では，明治維新以降，議会が作られ，選挙権が拡大していくことで，議会制民主主義が制度化されていきます。そして，第2次世界大戦後，1947年に日本国憲法が制定され，現代の民主主義的な政府が生まれます。

このように，現在の政府の仕組みが確立するまでには，長い人類の歴史がありました。現在の民主主義的な政府の仕組みは，比較的安定した仕組みとして機能しています。しかし，それも完璧な制度ではなく，**民主主義の失敗**と呼ぶことができる問題も存在しています。

たとえば，日本では，民主主義的手続きを通じて，政府が巨額の借金を行ってきました。その返済は，主に将来世代が行うことになり，大きな**世代間の不公平性**が生まれています。このように，将来世代の財産権が不当に侵害されることになるのは，将来世代が現時点での民主主義的な手続きに参加することができないことに一因があります。この問題については，第2章第4節や第13章で詳しく見ていきます。日本の未来のためにも，よりよい政府の仕組みを作っていく努力を続けることは大切ですね。

2 現代における政府の役割

前節で見たように，多くの先進国で，近代的な政府が19世紀以降に確立しますが，その機能や規模は，その後大きな変化を見せます。多くの国で，政府が福祉的役割を拡大させ，小さな政府から大きな政府へと変容していったのです。以下では，歴史を振り返りながら，なぜそのような変化が起こったのかを理解し，現代における政府の役割について考えてみたいと思います。

2.1 市場・家族・政府

近代的な政府が確立した国では，**市場経済**が発達していました。市場経済

の発達により市民が力をつけてきたために，王が強大な権力を持つ**絶対王政**が維持できなくなったと考えられるのです。

近代的な政府は，当初，それほど大きな役割を果たすことはありませんでした。20世紀初頭でも，多くの国で，政府支出が経済全体に占める割合は，せいぜい10％ほどでした。しかし，現在では，その割合は，多くの先進国で40％を超え，70％に達するような国もあります（第3章図表3－4）。

最大の変化は，政府が**福祉的役割**を拡大させてきたことにあります。市場経済が発達する以前の社会では，人々の生活保障は，家族を中心とする共同体の中で，お互いに助け合うという**相互扶助**の形で行われてきました。人類の長い歴史の中で，この当たり前の仕組みが崩壊し，政府が人々の生活保障を行うようになるというのが，19世紀後半以降に起こった大きな変化でした。

そのような変化が起こった最大の理由は，市場経済の発達により，家族をはじめとする共同体内での相互扶助が困難になる状況が生まれてきたことにあります。農業や漁業などの第1次産業の仕事を中心とする社会では，人々は生まれ育った土地で，家族で助け合いながら生活することが自然に行われていました。そこでは，結婚し，子どもを産み育てて，家族を形成することは，生きるために必須のことでもありました。

しかし，大量生産の技術の開発により，工場で生産が行われ，生産物が市場で大量に売買されるようになると，製造業やサービス業などの第2次産業・第3次産業で働く人々が増え，社会や経済の姿が大きく変化します。人々は土地を離れ，契約に基づいて，労働をはじめとするさまざまな財・サービスを売買するようになります。そして，労働以外の生産要素を持たない人々は，契約を打ち切られてしまうと，貧困に陥ります。

社会保障の原型となる政策は，**救貧**のための取り組みで，1530年代の初めにイギリスで法制化されています。その後，イギリスでは，政府による救貧政策が拡大し，1601年にエリザベス救貧法として知られる総合的な救貧の仕組みが確立します。その基本的な考え方は，貧困の問題を緩和することで，社会の秩序が保たれるというものです。これは，その後の社会保障政策の拡大の原点になっています。

2.2 福祉国家の出現

その後，市場経済の発達とともに，怪我や病気や不況で契約を打ち切られ，生活に困る人が増えてきます。さらに，施設や設備などの資本を所有する人たちが大きな資産を蓄積していく一方で，労働しか持たない人たちの中には低い賃金しか得られない人たちも増え，労働者の不満が高まってきます。

社会契約論や**啓蒙主義**の考え方に基づいて生まれた**市民革命**で求められたのは，人々の政治的平等でした。18世紀後半から19世紀に，それが少しずつ満たされようになると，市場経済での生活水準の低さが，多くの労働者の不満になってきました。経済的不平等へ不満が市民の間に生まれたのです。

ドイツの経済学者マルクス（K. Marx：1818 – 1883）は，そのような市民の間での不平等を生み出しているのが，私的所有権に基づく市場経済の仕組み（**資本主義**）にあると考え，資産を人々が共有する**共産主義**の考え方を主張しました。その考え方は，労働者に広く受け入れられ，19世紀後半には**社会主義運動**が広がっていったのです。

このような社会状況で，ドイツの宰相となったビスマルク（O. Bismarck：1815 – 1898）は，労働者が社会主義運動に流れることを防ぐために，社会主義者を弾圧する一方で，労働者のための社会保険（公的な保険）を導入するという**飴と鞭の政策**をとりました。ビスマルクは，1880年代に，労災保険，疾病保険，障害・老齢保険などの**社会保険**を次々と導入しました。

イギリスでは，経済学者で，政治家としても活躍したベバリッジ（W. Beveridge：1879 – 1963）が，1942年に報告書を提出し，失業保険，健康保険，年金保険などの社会保険を整備すべきとの提案を行いました。それを踏まえて，イギリスでは，第2次世界大戦後，「**ゆりかごから墓場まで**」と言われる**社会保障制度**が構築されていきました。

日本では，第2次世界大戦後，高度成長を遂げる過程で，働く機会を求めて若者が都市に流出しました。その結果，高齢者が地方に残されるという状況が発生し，貧しい高齢者の問題が，社会問題になりました。政府は，1961

年に，すべての国民が加入できる公的な**医療保険**と**年金保険**を設立します。さらに，**福祉元年**と呼ばれる1973年には，日本が福祉国家の仲間入りをすることを，政府は高らかに宣言し，社会保障の大幅な拡充を図りました。

このように，社会保障政策の導入や拡充のきっかけは異なっていますが，現在の先進国では，市場経済の発達により，家族による**相互扶助**が難しくなり，政府に社会的弱者の生活保障を行うことが求められるようになったという基本的な構造が存在しています。そして，多数派を取り込むことで政権を維持する民主主義的な政府が，その国民の声に応えて，社会保障政策を充実させていったと考えられます。

このような社会保障政策の充実は，家族形成の必要性を低下させ，さらなる家族の弱体化を招き，社会の大きな変容をもたらすことになりました。現代の少子化や高齢者の孤独死や貧困といった問題は，このような人類の歴史の流れの中で理解しておくことが重要です（第7章を参照）。

3　財政学の世界

財政学は，歴史的には，領邦経営のノウハウを蓄積した官房学から出発し，その後，経済学の考え方を取り入れながら発展してきました。まず，財政学の成り立ちを見ていきましょう。

3.1　財政学の歴史

近代的な政府の支出は徐々に拡大していきましたが，最大の問題は，その支出のための財源をどのように調達したらよいかでした。**財政学**は，英語では Public Finance と呼ばれ，伝統的には政府の資金調達の問題を考える学問でした。基本的な資金調達の手段は，人々に税金を課すこと，つまり**課税**でした。課税とは，人々の持つ財産権を政府が侵害する行為です。民主主義的な社会では，社会契約により，そのような財産権の侵害は認められている

と考えられますが，人々が納得できる公正なものである必要があります。

財政学は，17世紀から18世紀にかけてドイツで発達した**官房学**が基礎になっていると言われています。当時，ドイツでは神聖ローマ帝国の中に多くの領邦（君主を中心とする半自立の支配圏）が存在し，君主に一定の権限が与えられていたため，「君主を補佐する官庁（官房）はどのように領邦経営を行ったらよいのか」に関する学問が発達することになりました。

しかし，19世紀以降，民主主義的な政府が登場すると，官房学は衰退・分化し，当時発達してきた古典派経済学の考え方も取り入れながら，財政学が独立した学問として発達することになりました。

3.2 現代財政学の目標と手法

現代の財政学では，資金調達手段としての課税や公債発行のみならず，公共財供給や社会保障などの支出の分析，さらに，歳入や歳出が決められる政治過程の分析なども，分析や考察の対象としています。

財政学では，複雑化する政府の役割を，概念的に整理することが求められるようになりました。アメリカの財政学者マスグレイブ（R. Musgrave：1910 - 2007）が示した財政政策の3つの目標，**資源の効率的な配分**，**所得の公平な分配**，**経済の安定**は，政府の役割を整理する上で有用です。

政府の役割が，このように社会の効率性・公平性・安定性を高めることにあるとしても，難しいのは，これらの役割（目標）の対立があることです。たとえば，高所得者に大きな税負担を求めることは，公平性（所得の公平な分配）の観点からは望ましいのですが，高所得者の労働意欲を低めるため，効率性（資源の効率的な配分）の観点からは望ましくないと考えられます。

多くの政策に関して，このような目標の対立（**トレード・オフ**）が存在しますので，上手にバランスをとることが必要になってきます。しかし，望ましいバランスのとり方は，国民の価値観によって異なるため，望ましい政策のあり方に関して政治の場で決定されることになります。

このような観点からは，政治的決定がどのように行われているのか，どの

ような**政治過程**が望ましいかについて，考えることも大切です。たとえば，選挙制度を変えることで，政治的な決定が大きく変わることも知られています。私たちは主権者として，政治の問題にも関心を持っておきたいですね。

現代の財政学は，政府の活動全般について，明らかにすることを目標としています。政府の活動の実態がどうなっているのかを明らかにしようとするアプローチは，**事実解明アプローチ**（Positive Approach）と呼ばれます。一方，政府の活動はどうあるべきかを明らかにしようとするアプローチは，**規範的アプローチ**（Normative Approach）と呼ばれます。財政学では，両方のアプローチで，政府の問題について考えていきます。

4 財政分析の基礎

財政学では，さまざまな財政の問題を経済学の枠組みに基づいて分析します。本節では，その経済学の基本的な考え方を，簡単に紹介しておきましょう。

4.1 効率性と公平性

経済学を主な分析手法とする財政学では，望ましい政策のあり方について，**効率性**と**公平性**の両面から検討します。

経済学で用いる効率性の考え方は，シンプルです。一言で言えば，**無駄がない**ということです。わかりやすいですね。無駄がある状態は，非効率的と言われるのですが，それはどのような状態でしょうか。

直感的に言えば，少し工夫することで，全員の満足度を引き上げることができれば無駄があると考えられます。たとえば，1つのケーキを2人で分けるとき，ケーキを余らせてしまう分け方は無駄があります。余っている部分を2人に少しずつ分け与えれば，全員の満足度が引き上げられるからです。

では，ケーキの余りが2人に分割できないほど小さい場合はどうでしょう。この場合も，余らせてしまうのは無駄ですね。それをどちらか1人に与

えることで，少なくとも1人の満足度を引き上げられるのですから。

　少し厳密に考えると，「誰かの満足度を，他の人の満足度を下げることなく引き上げられる状態」を「無駄がある」と定義することが有用であることがわかります。「誰かの満足度を，他の人の満足度を下げることなく引き上げる」ということは，専門用語で**パレート改善**と呼ばれます。パレート（V. Pareto：1848 – 1923）というイタリアの経済学者が考えた「改善」の定義だからです。

　パレート効率的な状態とは，パレート改善が不可能な状態と定義できます。「誰かの満足度を，他の人の満足度を下げることなく引き上げることができない状態」を効率的と考える**パレート効率性**の考え方は，「無駄がない」という状態を厳密に定義したものと考えれば，わかりやすいですね。

　一方，公平性の定義は，効率性の定義ほど明確ではありません。哲学や倫理学の歴史を振り返ってみると，公平性にはさまざまな定義があります。効率性の定義のように経済学で共有されているような公平性の定義はありません。

　ただ，人間の歴史の中で，人々が不公平だと感じてきたのは，機会の不平等を感じたときではないでしょうか。本書では，基本的に，**機会の平等**が実現している状態を**公平**な状態と定義して，公平性の問題について議論します。

　実は，機会の平等が実現しているか否かを判断する際，**羨望**（ねたみや不満の気持ち）が存在するかどうかを考えることが役立ちます。羨望には，正当な羨望と不当な羨望があると考えられています。たとえば，お金持ちの家に生まれたことで豊かな生活ができる人に対して，財産を持たない家に生まれた人が抱く羨望の気持ちは，**正当な羨望**と考えられます。一方，持って生まれた財産や能力は同じ人が，努力の違いで生まれた他者の高い所得に対して抱く羨望は，**不当な羨望**と考えられます。

　一般に，自分も選択（努力）すれば実現できたことに対して抱く羨望は「不当な羨望」，それ以外の羨望は「正当な羨望」と定義できます。そこで，無駄がない状態を効率的と呼ぶ「効率性の定義」をまねして，**正当な羨望を抱く人がいない状態**を公平な状態と考えることができます。これは，公平性に

関する経済学的研究の中では,「無羨望（envy-free）状態」を公平とみなす考え方に対応しています（奥野・鈴村 [1988], 第 36 章を参照）。

ここで, 選択の機会の平等が実現していれば, 決して「正当な羨望」を抱くことはありません。誰でも選択（努力）すれば, 他の人が実現したことを実現できるのですから。一方, 選択の機会の平等が実現していない場合,「正当な羨望」が発生する可能性が生まれます。そこで, どんな場合でも決して正当な羨望を抱く人がいない状態を公平な状態と定義すれば, それは,「機会（選択集合）の平等」が実現している状態と一致していると考えられます。

さまざまな公平性の定義が存在しますが, 本書では, 基本的にこの定義を採用し, 機会の平等が実現している社会を公平な社会と考えます。公平性の問題は, 難しい問題ですが, 重要であるのみならず, 面白い問題でもあります。どのような意味で公平という言葉を用いているかを明確にしながら議論すれば, 建設的な議論を行うこともできます。

4.2 需要曲線と供給曲線

本章では, 市場経済という言葉をすでに何度も用いましたが, ここで, 市場について, もう少し詳しく説明しておきたいと思います。

経済学では, **市場**とは売手と買手が出会う場と定義されます。魚市場のように, 実際に出会う場所という場合もありますが, 通常は, 概念的な場です。

たとえば, お米の市場は, お米の生産者と消費者が一堂に会して取引を行うわけではありませんが, お米への**需要**が増えるとお米の値段は上がる一方, **供給**が増えるとお米の値段は下がるでしょう。需要とは「求める」ということ, 供給とは「提供する」ということです。ここでは, お米の市場というものが, 概念的には存在していると考えられます。

一般に, 市場にたくさんの参加者がいて, 売買を競争的に行っていれば, お米の価格が上がると需要は減少する一方, 供給は増加すると考えられます。したがって, **需要曲線**は図表 1 − 2 の D 曲線のように右下がり, **供給曲線**は S 曲線のように右上がりになると考えられます。需要曲線とは価格

図表1－2 ▶▶▶ 需要曲線，供給曲線，市場均衡（競争均衡）

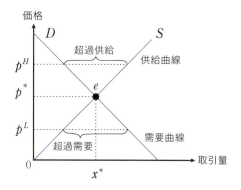

と需要量の関係を，供給曲線は価格と供給量の関係を表す曲線です。

この需要曲線と供給曲線が交わる点（図表1－2では点 e）は，**市場均衡**と呼ばれる特別な点です。市場均衡の価格 p^* では，需要と供給が一致しています。競争的に売買が行われる状況で成立すると考えられる均衡なので，**競争均衡**とも呼ばれます。

市場均衡価格よりも高い価格（たとえば p^H）では，供給が需要よりも大きい**超過供給**の状態にあります。この場合，売れ残りが発生しますので，売れ残りが解消する価格 p^* まで市場で価格が下がっていくと考えられます。

一方，市場均衡価格よりも低い価格（たとえば p^L）では，需要が供給よりも大きい**超過需要**の状態にあります。この場合，物不足が発生しますので，物不足が解消する価格 p^* まで市場で価格が上がっていくと考えられます。したがって，市場均衡とは，需要と供給が一致する安定的な状況であり，それゆえに**均衡**と呼ばれます。

このような競争均衡は，企業や消費者はいずれも市場価格に影響を与えられるほどの大きな力を持っておらず，市場価格を受け入れて需要や供給を決めるという「**完全競争**の仮定」の下で成立すると考えられます。

市場経済とは，さまざまな財・サービスが市場で取引される経済です。市場経済では，消費者は，消費財の需要者である一方，労働，資本，土地などの**生産要素**の供給者でもあります。一方，生産者は，消費財の供給者である

一方,労働,資本,土地などの生産要素の需要者でもあります。

労働の価格は,一般に**賃金率**と呼ばれます。たとえば,1時間の労働に対して支払われる賃金(たとえば800円)が,賃金率です。消費者は,消費財を購入するために市場で労働を売り,生産者が労働を購入します。

資本とは,生産に必要な工場や設備(機械)などのことです。消費者は,そのような資本を直接提供するわけではありませんが,銀行にお金を預けたり,企業が発行する債権や株式を購入したりすることで,工場や設備を購入するために必要なお金を提供しています。そのようなお金のことも資本と呼ばれます。消費者が,一定期間お金を生産者に貸すと,その対価として利子が支払われます。資本の価格は通常,**利子率**と呼ばれます。

土地の価格は**地価**です。地価が上昇すると生産者の土地需要は小さくなるので,需要曲線は右下がりになります。一方,消費者が供給できる土地の量は,急に増やすことができずに,地価が上昇しても,土地供給がほとんど増えないということが起こりえます。土地の場合,需要は地価に対して**弾力的**ですが,供給は,少なくとも短期的には地価に対して**非弾力的**(あまり反応しない)と考えられています。

日本をはじめ,多くの国では,現在,**民間部門**の中心には,市場経済での取引があります。そして,市場で起こるさまざまな問題に政府が対応することで,社会や経済が動いています(図表1-3)。したがって,財政学を学ぶ際にも,市場がどのように機能し,どのような特性を持つかについて理解

図表1-3 ▶▶▶ 市場経済と政府(概念図)

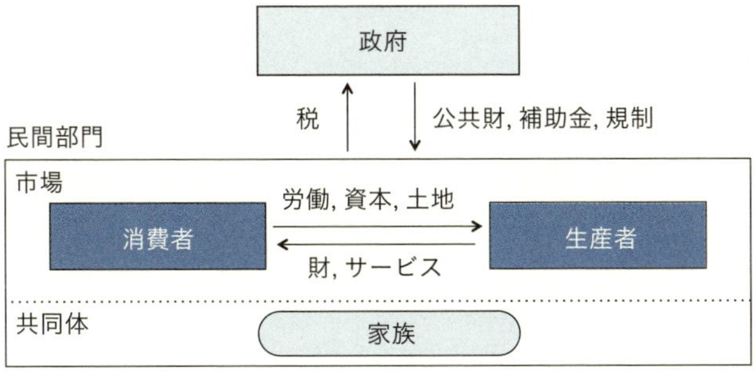

を深めながら，政府のあり方や役割を考えていくことが大切です。

さらに，民間部門では，私たちは，家族，友人，あるいはコミュニティの中で，助け合いながら，つまり市場を介さない取引も行いながら生活していますね。政府の役割を考える上では，実は，家族の間での助け合い（**相互扶助**）についても理解しておくことが大切です。標準的な財政学の教科書では，あまり取り上げられない視点ですが，重要な視点だと思いますので，本書では積極的に取り上げてみたいと思います。

国民1人ひとりが，政府の活動についてよく理解しておくことは，自分たちのことは自分たちで決めるという民主主義社会では，とても大切なことです。これから，一緒に少しずつ学んでいきましょう。

Working　　　　　　　　　　　　　　　　　　　　調べてみよう

1. 日本の政府が，1973年に「福祉元年」宣言を行ったのは，なぜだろう。当時の時代背景（社会・経済・政治など）について，調べてみよう。
2. 19世紀後半のドイツで，ビスマルクが社会保険を導入することにした理由や経緯を調べてみよう。

Check　　　　　　　　　　　　　　　　　　　　説明してみよう

1. 現代社会において，政府が大きな役割を果たすようになってきた理由を説明してみよう。
2. パレート効率性の定義を，わかりやすく説明してみよう。
3.* 需要曲線を，個人の効用最大化問題を解くことで導出してみよう。
4.* 供給曲線を，企業の利潤最大化問題を解くことで導出してみよう。

Discussion　　　　　　　　　　　　　　　　　　　議論しよう

私たちの社会では，なぜ政府が必要なのだろうか。明日から政府がなくなったらどうなるか考えながら，議論しよう。

第2章 市場と政府

Learning Points
▶ 市場は，効率的な資源配分を実現できる仕組みと考えられています。
▶ しかし，実際には，さまざまな市場の失敗の問題が存在しています。
▶ 「市場の失敗」が存在するとき，政府の介入を正当化できます。
▶ 「政府の失敗」も存在するため，政府の介入が常に望ましいとは限りません。

Key Words
市場の役割　市場の失敗　政府の役割　政府の失敗　家族の役割

1　市場と政府の役割

　前章では，**市場経済**の存在を前提として，政府がどのような役割を果たしてきたかについて見てきました。本節では，市場経済で，政府は，どのような役割を，どの程度果たすべきなのかについて考えていきます。

1.1　市場経済の特徴

　市場経済はさまざまな問題を抱えています。19世紀後半には，市場経済の問題が噴出し，社会的な問題となり，社会主義運動に発展しました。ドイツでは，ビスマルクが，社会主義運動への対応として，社会保険を創設し，社会問題を緩和する政策を実施したことは，すでに見ました。
　一方，ロシアでは，**共産主義**を理想として掲げる人たちが，ロシア革命（1917年）を通じて政権をとり，ソビエト連邦（1922－1991年）が成立し，政府が生産や取引を計画的に行うという**計画経済**に移行しました。それは，マル

クス理論に基づく壮大な社会実験でした。20世紀半ばには，中国や東欧諸国なども社会主義化し，理念としての共産主義が世界を席巻してしまうのではないかとの危機感が世界的に高まりました。

経済学でも，市場経済と計画経済のいずれが優れているのかについて論争が1920年代から行われるようになりました。市場経済の素晴らしさについては，イギリスの経済学者アダム・スミス（A. Smith：1723 – 1790）が「**神の見えざる手によって**」という表現で明らかにしました。その後，市場の問題も広く認知されるようになりましたが，市場経済の基本的な優位性については，効率性と公平性の観点から人々の**厚生**（幸福度や満足度）に関する分析を行う**厚生経済学**において，2つの基本定理として明確にされました。

定理の厳密な説明は専門書に委ねるとして，ここでは市場経済の特徴に関してどのような結果が得られているかを見るために，2つの定理の内容を簡単に紹介します。まず，第1定理は，以下のように述べられます。

厚生経済学の第1定理：すべての財・サービスが市場で取引されるならば，競争均衡における資源配分はパレート効率的である。

この定理は，市場経済では，一定の条件の下で，効率的な資源配分が実現することを明らかにしています。限りある資源を効率的に使うことを考えると，やはり市場を活かしたほうがよいと感じさせてくれる定理です。ただし，このような結論が得られるためには，以下の2つの条件が必要です。
(1) すべての財・サービスが市場で取引される。
(2) 市場は競争均衡にある。

この2つの条件が成立しない場合，市場で効率性が実現する保証はありません。そのような問題は，**市場の失敗**の問題と呼ばれます（本章第**3**節）。

ところで，市場経済が効率性の観点から優れていたとしても，公平性の観点から受け入れられないものであれば，市場経済から離脱すべきではないかと考えるのが，計画経済の考え方です。このような考え方に対して，第2定理は，市場経済においても，効率性を確保しながら，公平性もある程度実現

できるという結果を示す興味深い定理でした。

厚生経済学の第2定理：どのようなパレート効率的な配分も，（一定の仮定の下で）定額税や定額補助を用いて初期資産を適切に再分配することで，市場において競争均衡配分として実現することができる。

　この定理は，パレート効率的な資源配分の中に，公平と考えられる配分があれば，初期資産（持って生まれた資産）を適切に再分配した上で，市場取引を行ってもらえば，必ず市場で実現できることを示しています。

　しかし，効率的で公平な資源配分の実現は，実際には難しそうです。まず，本当に公平と考えられる資源配分は，効率的な資源配分の中に存在しないかもしれません。また，効率性を維持するために，初期資産の再分配の方法としては，各個人の事情を踏まえて計算される定額の税や補助金を用いることが想定されていますが，実際には，そのような税・補助金を用いることは難しいと考えられます。所得や資産に対する課税によって再分配を実施するため，一般には，非効率性がどうしても発生してしまうことになります。

　このように，第2定理の現実への適用には，大きな限界があると考えられます。しかし，市場経済では，効率性のみならず，公平性もある程度実現できることが示されたことには，深い意義があると考えられています。

1.2　市場の失敗と政府の失敗

　市場は，特に効率性の観点からは，優れた特性を持っています。この点については，第2節でさらに具体的に見ていきますが，第3節で見るように，実際には，さまざまな**市場の失敗**の問題が発生しています。ここに，政府が市場経済に介入する余地が生まれます。

　市場の失敗が存在する場合，政府が介入することは正当化されます。しかし，非効率的な事業運営や赤字の累積といった**政府の失敗**の問題も存在するため，実は，政府介入が常に望ましいとは言えません。どちらの問題を深刻

と考えるかによって，政府のあり方に関する見方が大きく変わってきます。

たとえば，政府の役割は，生存権や財産権などの基本的人権の保障のみに限定されるべきと考える**夜警国家**論者は，**小さな政府**のほうが望ましいと考えますが，これは，全体として「市場の失敗」よりも「政府の失敗」の問題が深刻と考えるからでしょう。これに対して，政府が，よりよい社会の実現のために積極的に介入すべきと考える**福祉国家**論者は，ある程度，**大きな政府**が望ましいと考える傾向があります。それは，全体としては「政府の失敗」よりも「市場の失敗」の問題が深刻と考えるからでしょう。

どちらの失敗が大きいかは**実証の問題**，つまり，実際に調べて判断されるべき問題と指摘されることも少なくありません。しかし，その大きさは，社会の制度設計によって決まるのです。特に，政府の失敗を小さくする仕組みを持つ社会では，多くの市場の失敗の問題を改善し，よりよい社会を実現できます。政府の失敗が小さい社会を実現するためにも，第 4 節では，なぜ政府の失敗が起こるのかについての理解を深めておきたいと思います。

2 / 市場の機能

厚生経済学の第 1 定理が示すように，「市場の失敗が存在しないならば」市場経済では，効率的な資源配分が実現することが期待されます。どうして，そのようなことが起こるのでしょうか。以下では，本書の中でも重要な役割を果たす**消費者余剰**と**生産者余剰**の考え方を説明しながら，市場均衡で効率性が実現する理由について説明してみます。

2.1 消費者余剰と生産者余剰

生産者余剰の考え方を説明するために，ケーキ屋さんに行ったと考えてみてください。このケーキ屋さんのパティシエは，本当に美味しいケーキを作るのですが，1 日に最大 6 個しかケーキを作りません。しかも，1 個だけ作

ればよいなら千円で売ってもよいと考えているのですが、2個作る必要があるなら、2個目は2千円支払ってくれなければ作らないと言います。

　最低いくら受け取る(＝支払ってもらう)ことを求めるかを**受取意思額**と呼べば、このパティシエのケーキの受取意思額は、1個目は千円、2個目は2千円です。この額は、3個目＝3千円、4個目＝4千円と上昇していくと仮定します。**図表2－1 Ⓐ**が、その受取意思額を表しているとします。

　このように受取意思額が上昇していくのは、美味しいケーキを作るのには集中力が必要で、たとえば2個目を作るのなら、2千円支払ってもらわないと元がとれないと感じるからなのでしょう。つまり、受取意思額は、ケーキを1個追加生産するために、パティシエが負担する費用を表していると考えられます。経済学では、1単位の追加生産に必要な費用のことを、**限界費用**と呼んでいます。「追加的費用」と呼ぶほうがわかりやすいと思うのですが、残念ながら、これが専門用語として定着してしまっています。

　ここで、このケーキが1個3千円で売れるとします。このとき、ケーキ屋さんは、何個作るでしょうか？　おそらく3個作ってくれそうですね。というのも、1個目は千円、2個目は2千円、3個目は3千円支払ってもらえば、それぞれ作ってもよいと思っていたのですから。3個目については、ちょう

図表2－1 ▶▶▶ 供給曲線と需要曲線

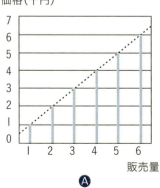

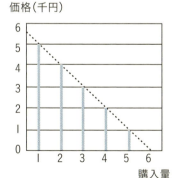

ど元がとれる値段となっていますが，1個目については2千円，2個目については千円，儲かったと感じることでしょう。このように実際に売れる額（3千円）から，追加生産に必要な費用を差し引いた額は，生産者が儲かったと感じる部分ですので，**生産者余剰**と呼ばれます。

価格が3千円の時，生産者余剰は3千円（2千円＋千円）です。これは，販売収入9千円（3千円×3個）から**可変費用**と呼ばれる「追加生産に必要な費用の合計額」6千円（千円＋2千円＋3千円）を引いた額と一致します。

さて，ここで，ケーキの美味しさが評判になり，1個4千円で売れるようになるとします。おそらくケーキ屋さんは4個作ってくれそうです。このように考えていくと，実は，生産者の受取意思額を表す**図表2－1 Ⓐ**のようなグラフは，それぞれの価格のときに，何個供給されるかを示す**供給曲線**になっていることがわかります。

つまり，供給曲線の高さは，それぞれの生産量の下で，1単位の追加生産をするために生産者が最低受け取りたいと思う受取意思額を表しています。その額は，追加生産のために発生する追加的費用，つまり限界費用に等しいと考えられますので，供給曲線は，限界費用を表していると考えられます。

次に，このケーキを食べたい消費者を考えてみます。このケーキは本当に美味しいので，あなたは1個最大5千円出してもいいから食べたいと思うかもしれません。「最大支払ってもよい額」は，**支払意思額**と呼ばれます。

もし，このケーキを3千円で買えれば，あなたは大満足ですね。5千円払ってもよいと考えていたのですから，2千円儲かったと感じることでしょう。このように，支払意思額から実際に支払った額を差し引いた額は，消費者として儲かったと感じる額ですので，**消費者余剰**と呼ばれます。

さて，1個目のケーキへのあなたの支払意思額は5千円でしたが，2個目のケーキへのあなたの支払意思額はいくらになりそうでしょうか。1個目を食べることで，それなりに満足しそうですから，2個目のケーキはもう買いたいと思わないかもしれません。その場合は，2個目のケーキへの支払意思

額は0円ですね。もう少し食べられるかもと思うかもしれませんが、その場合でも、支払意思額は、おそらく5千円よりも低いのではないでしょうか。たとえば4千円までなら支払ってもよいと考えるかもしれません。

この支払意思額が何を表しているのかと考えてみると、実は、追加的に消費したときに得られる満足度を金額で表現していると考えられます。つまり、2個目のケーキを買って食べたときに得られる満足度は、4千円くらいと考えるので、4千円までなら支払ってもよいと考えるのだと思います。

経済学では、満足度のことを**効用**と呼び、追加的な1単位の消費から得られる満足度のことを**限界効用**と呼びます。「追加的満足度」と呼んだほうがわかりやすいと思うのですが、残念ながら限界費用と同様、専門用語になってしまいましたので、この用語に慣れてください。

ここで、ケーキの追加的な購入へのあなたの支払意思額を図に描いてみると、**図表2－1❸**のようになっているとしましょう。もし、ケーキ1個の値段が3千円なら、あなたはケーキを何個購入するでしょうか。3個目の購入に3千円までなら支払ってもよいと考えているようですので、3個購入すると考えられます。価格が4千円なら、購入量は2個でしょう。

このように、消費者の追加的購入への支払意思額、つまり限界効用を**図表2－1❸**のように並べた図は、それぞれの価格のときに、消費者が何個需要するかを表していますので、**需要曲線**になります。

なお、価格が3千円のとき、消費者余剰は3千円（2千円＋千円）となります。これは、3個買うときの満足度の合計額1万2千円（5千円＋4千円＋3千円）から総支出額9千円（3千円×3個）を引いた額と一致します。

2.2 社会的余剰と死重損失

ケーキの場合、数量が1個、2個、3個と整数で表されましたが、重さ（グラムなど）や量（リットルなど）の場合は、数量は連続的に選べます。このように連続的に消費量を変えられる場合、追加の1単位の生産や生産に対す

る受取意思額や支払意思額は，**図表２−１**のような棒グラフではなく，曲線（直線を含む）で表されることになります。これまでの議論が示唆しているように，実は，それらが**供給曲線**や**需要曲線**となります。

以下では，そのような状況を想定して市場均衡の特性を説明していきます。前章で見たように，市場均衡は，需要曲線と供給曲線が交わる点で表現することができます（**図表２−２Ⓐ**の点 e）。

この点での消費者余剰と生産者余剰は，それぞれ三角形 mep^* および三角形 $0ep^*$ の面積で表現されます。消費者余剰＋生産者余剰は，**社会的余剰**と呼ばれ，**図表２−２Ⓐ**では三角形 $0em$ の面積で表されます。この社会的余剰が市場均衡で最大化されることを示せます。

以下では，この社会的余剰が，x^* の量の取引で消費者が得られる満足度の合計額（台形 $0mex^*$ の面積）から，x^* の生産に必要な可変費用（三角形 $0ex^*$）を引いた面積になっていることに注目して，市場均衡 x^* 以外の取引量では，社会的余剰は最大とならないことを証明してみましょう。

まず，**図表２−２Ⓑ**で，市場均衡よりも低い取引 x_L の場合を考えてみます。

消費者が得られる総便益（満足度の合計額）は，台形 $0max_L$ の面積となる一方，x_L を生産するために必要な費用は $0bx_L$ となります。社会的余剰はその差ですから，台形 $0mab$ の面積で表せます。この面積は，市場均衡での社会的余剰（$0em$）より三角形 bea の面積の分だけ小さくなっています。この面

図表２−２ ▶▶▶ 社会的余剰と死重損失

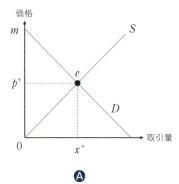

Ⓐ

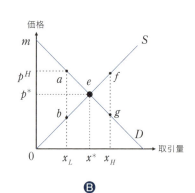

Ⓑ

積は，市場均衡より小さな取引が行われることの非効率性を表しており，専門用語で**死重損失**（dead-weight loss）と呼ばれています。**死荷重**あるいは**超過負担**と呼ばれることもあります。

この死重損失は，取引量が x_L から少し増えると減少します。というのも，消費者が追加的に得る効用（限界効用）を表す需要曲線の高さのほうが，その効用を生み出すための追加的費用（限界費用）を表す供給曲線の高さよりも大きいので，取引が1単位増えると社会的余剰が増えることになるのです。

このような死重損失は，**図表2−2❸**で市場均衡より大きな取引水準 x_H においても発生します。このとき，消費者が得られる総便益は台形 $0mgx_H$ のように大きくなりますが，費用も三角形 $0fx_H$ のように大きくなり，社会的余剰は，三角形 $0em$ から三角形 gef を差し引いた値になります（自分で確かめてみましょう）。つまり，三角形 gef が死重損失です。

取引量 x_H では，限界費用を表す供給曲線の高さが限界効用を表す需要曲線の高さを上回りますので，生産を減らすことで，社会的余剰は増加するのです。神の見えざる手によって，つまり価格の変化を通じて，市場均衡では限界費用と限界効用が一致し，社会的余剰が最大化されるのです。

3 市場の失敗

市場がうまく機能すれば，効率的な資源配分が実現します。しかし，それは完全には機能しません。そのような問題は，**市場の失敗**の問題と呼ばれ，政府介入の根拠となります。

以下では，①不完全競争，②規模の経済性，③外部性，④不完備情報，⑤不完備契約，⑥不公平性という6つの代表的な市場の失敗の問題を取り上げます。最初の5つは，厚生経済学の第1定理が成立せず，非効率性が発生するという問題。6つ目は，市場では不公平性が発生するという問題です。

政策のあり方を考える際には，どのような市場の失敗の問題が背後にあるのかを考えることが大切です。政策的介入の背後には，複数の「市場の失敗」

の問題が関わることが多くあります。たとえば，交通やエネルギーなどのインフラ事業に政府は深く関わっていますが，その背後には，規模の経済性，外部性，不公平性といった市場の失敗の問題があると考えられます。

ここでは，まず，それぞれの市場の失敗の問題について，概観しておきましょう。第Ⅱ部以降の章では，実際の政策を議論する中で，それぞれの問題について，さらに詳しく見ていきます。

3.1 不完全競争

完全競争という状況が実現していれば，市場で効率性が実現します。しかし，1企業が市場を**独占**することを阻止する力は，市場には備わっていません。これが，第1の市場の失敗の問題です。

独占という状況は，実は，一般的に見られる状況です。たとえば，売手は，自らが供給する商品を他の商品から差別化することで，できるだけ高い利潤を獲得しようとします。また，同じ商品でも，異なる場所で販売される場合は，実は異なる商品と考えられます。いくつかの例外を除いて，一般に売手は，少なくとも局所的な独占者として振る舞っていると考えられるのです。

独占企業は一般に生産量を抑えて，すでに見た**図表2−2❸**での価格 p^H のように，限界費用よりも高い価格で販売することで，**独占利潤**と呼ばれる高い利潤を得ることができます。さらに，独占の場合だけでなく，産業内に少数の企業しかいない**寡占**の場合でも，一般に，取引量は市場均衡のときより縮小し，資源配分は非効率的になりやすいことが知られています。

3.2 規模の経済性

交通，通信，エネルギーなどの事業では，大規模なインフラが必要であることが多く，大きな固定費用が発生します。その結果，サービス供給が大きくなるほど，**平均費用**（サービス1単位当たりの費用）が少しずつ減少していくという**費用逓減**の特徴が存在します。また，生産規模の拡大とともに平

均費用が小さくなるので，この特徴は**規模の経済性**とも言われます。

一般に，規模の経済性が存在しているとき，効率的な生産は，できるだけ安い価格で多くの人に利用してもらうことで実現するのですが，価格を安くすると，大きな固定費用を賄うことができず，赤字が発生します。したがって，市場では，効率的な生産は行われないという問題が発生します。

特に，生産規模が小さい場合，平均費用が大きくなりますので，参入が難しく，独占が発生しやすくなり，**自然独占**と呼ばれる状態が起こります。実は，規模の経済性がある場合，1企業が生産を行うことで費用が最も小さくなりますので，独占が望ましいと考えられますが，独占の非効率性の問題が発生することになります。規模の経済性があるとき，市場では，効率的な生産を行うことができないため，政府の介入が正当化されます。

3.3 外部性

個人や企業などの経済主体の行動が，他の経済主体に直接影響を与えるとき，そのような行動は**外部性**あるいは**外部効果**を持つと言います。たとえば，環境汚染，公海での漁，騒音，高層建築などは**負の外部性**（**外部不経済**）の例です。一方，教育，子育て，技術開発，治安維持，金融システムの安定性などは，**正の外部性**（**外部経済**）の例です。

このような外部性が存在する場合，無料で便益や損失が社会に放出されてしまうため，**ただ乗り問題**が発生します。これは，厚生経済学の第1定理が成立する条件の1つである「すべての財・サービスが市場で取引される」という条件が，満たされないことを意味しています。その結果，負の外部性の場合，社会的に見て過大な行動がとられます。一方，正の外部性の場合には，社会的に見て過小な行動がとられ，非効率性が発生することになります。

たとえば，環境汚染物質を自由に排出してよければ，どんどん排出されてしまうでしょう。海で自由に漁をして良いのであれば，魚資源が枯渇するまで獲られてしまいます。一方，教育や子育ては，その便益が社会全体に及びますが，社会がただ乗りするだけなら，大きな費用が必要な教育や子育ては

十分には行われず，過少な水準にとどまるでしょう。

3.4 不完備情報

市場取引が適正な価格で行われるためには，売手と買手の間で，財・サービスに関する情報が共有されていることが必要です。しかし，一般に，売手と買手が全く同じ情報を持つことはなく，**不完備情報**の問題が発生します。売手と買手の間の**情報の非対称性**の問題とも呼ばれる問題です。

たとえば，労働者と雇用者の間には，労働者の質や行動に関する情報不足の問題があり，それがさまざまな労働問題を生んでいます。食品の安全性や産地に関する偽装問題や災害に関わる**風評**の問題も，不完備情報の問題です。

問題を緩和するための情報収集活動は，市場でも活発に行われていますが，**品質保証制度**や情報開示制度など，政府による規制政策も数多くあります。しかし，不完備情報の問題は，完全に解決することが難しい問題で，場合によっては，市場が全く成立しないといった深刻な問題も起こります。

たとえば，保険契約において，各個人が病気になる確率については，個人と保険会社の間で情報格差があります。その場合，平均的なリスクで保険料が設定されると，リスクが高い人のほうが，保険料が相対的に安いと感じて，市場に残ると考えられます。保険会社としては，本当はリスクの低い人と契約したいので，リスクの高い人だけが保険を買おうとすることは望ましくなく，**逆選択問題**と呼ばれます。この状況では，保険料が高くなり，最悪の場合，保険市場が成立しないということが起こります（第6章**1.2**項参照）。

また，人々の行動に関する情報不足のために，人々が社会的に見て望ましくない行動をとる可能性もあり，**モラル・ハザード問題**と呼ばれています。この場合にも，市場で効率的な契約が結ばれないという問題が起こります。

3.5 不完備契約

市場取引が行われるということは，取引契約が結ばれるということです。

したがって，市場取引が行われるためには，**法体系**が整備され，契約違反があった場合に適切な制裁が与えられる**司法制度**が必要になります。しかし，すべての取引で，起こりうるすべての状況に対応した完璧な契約を結ぶことは難しく，一般に契約は不完備となります。

このように完璧な契約を取り交わすことが難しいという問題は，**不完備契約**の問題と呼ばれています。この問題が深刻な場合，市場取引は一般に過小になってしまいます。この問題も，市場では解決できない問題であり，市場の失敗の問題の1つと考えられます。

不完備契約の問題の中には，取引相手を見つけられないという問題もあります。特に，まだ生まれていない人との取引が可能なら，市場の効率性は高まるのですが，それは難しそうです。未来の自分と契約を結べたら，誘惑に負けてしまうことも防げるかもしれませんが，それも難しそうです。契約が不完備となるために起こる非効率性もまた，市場の失敗の1つです。

3.6　不公平性

市場の特徴の1つは，「持てる者ほど豊かになる」ということです。市場では，「持てる者が持たざる者を羨むことはない」という意味で，ある種の公平性があります。しかしそこでは「持たざる者が持てるものを羨む」ということが起こります。市場は，**機会の平等**を保障してくれる資源配分メカニズムではないのです。

さらに，市場という資源配分メカニズムは，最も基本的な人権さえ保障しない残酷なものです。市場で売れるものを十分持たない能力の低い人や重度の障害を持つ人は，苦しみのうちに死んで行かなければなりません。

このように，市場では，機会の平等が保障されず，生活格差が生まれるのみならず，**基本的人権の保障**さえ行われないという問題を，本書では，**不公平性**の問題と呼びます。この問題もまた，市場の失敗の1つと考えられます。

4 政府の失敗

市場も完璧ではなく，むしろさまざまな問題を抱えています。そのような市場の失敗の問題を，政府が改善できれば，市場経済はよりよくなるでしょう。しかし，政府も完璧ではなく，さまざまな政府の失敗の問題を抱えています。なぜ，政府は失敗するのでしょうか。一緒に考えてみましょう。

4.1 公共選択の理論

多くの民主主義社会では，主権者は国民であり，政府は国民によって選ばれた代理人（代表）によって運営される組織として機能します。したがって**政府の失敗**の問題は，基本的に組織の問題であり，政府組織の**ガバナンス**の問題と考えることができます。組織のガバナンスとは，「組織を規律付ける権限と責任を持つ者が，組織の規律付けを行うこと」と定義されます。

第1に，主権者である国民は，政府を監視するインセンティブを持たないという問題があります。**インセンティブ**（誘因）とは「人々を動機付ける力・要因」を指す言葉です。政府を変える力を持たない「小さな有権者」は，監視を通じて政府の問題に気づいたとしても便益を得ることはできません。したがって，費用を伴う監視を行うインセンティブが弱くなるのです。

そしてそのような**不完備情報**の下で，政治家が自らの効用を最大化する政策を実施するため，「政府の失敗」の問題が発生すると考えられます。この点は，民間企業の場合，「小さな株主」であっても，投資先を変更できるため，企業を監視するインセンティブを持つことと対照的です。

第2に，政府活動の成果は定量化が難しい場合が多く，政府を規律付けることが，民間企業の場合より難しいという問題があります。特に，政府の活動では**公共性**という目に見えにくい要素が重要ですので，その活動が適正に行われているかを判断し，適切に規律付けることが難しくなります。そのた

図表2−3 ▶▶▶政府の組織構造

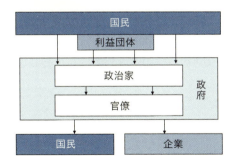

め**不完備契約**の問題が発生し，政府の失敗の問題が生まれやすいのです。

また，政府の仕組みの中では，**図表2−3**のように，国民，政治家，官僚など，多様なプレーヤーがさまざまな交渉を通じて意思決定を行っています。さらに，政府には強大な権限が与えられているため，多くの民主主義社会で，その暴走を抑制するための**三権分立**のような仕組みもあります。このように複雑な関係が存在する政府組織では，国民が望む選択が行われにくくなることは，数多くの**公共選択**（Public Choice）の研究が示しています。

4.2 社会選択の理論

政府の失敗の問題の多くは，このような政府組織の問題のために発生すると考えられます。しかし，さらに根深い問題として，望ましい公共的意思決定のルールを見つけることの難しさがあります。

民主主義社会では，公共的意思決定は，人々の選好を何らかの手続きを通じて集計したものであることが求められます。しかし，**社会選択**（Social Choice）の研究の成果の1つであるアロウ（K. Arrow：1921−）の**不可能性定理**は，民主的で効率的な社会選択ルールを作ることは，実質的に不可能であることを示しています。政府が，多様な選好を持つ国民の声を尊重しながら，効率的な社会を実現することは，そもそも難しいのです。

さらに，現在を生きる人々が，増税に反対し，財政赤字を累積させ，負担を将来世代に先送りしてきたという事実は，将来世代が現在の政治過程に参

加できないという民主主義社会の限界を反映しています。このような根源的な問題は，政府の失敗と言うより，**民主主義の失敗**と呼ぶほうが適切かもしれませんが，この問題もまた，政府が望ましい資源配分の実現に失敗するという意味で，政府の失敗の問題の1つと考えることにします。

Working　　　　　　　　　　　　　　　　　　　　　　調べてみよう

1. ロシアや東欧における計画経済（社会主義経済）が崩壊することになった理由を，経済問題に中心に調べてみよう。
2. 「三権分立」の考え方について，政府組織のガバナンスあり方を考える上で特に重要となる行政府と立法府の役割と関係を中心に調べてみよう。

Check　　　　　　　　　　　　　　　　　　　　　　　説明してみよう

1. 厚生経済学の第1定理と第2定理の内容と意義について説明してみよう。
2. 6つの市場の失敗の問題について，それぞれ説明してみよう。
3. 政府の失敗の問題が起こる理由を説明してみよう。
4. 「政府の失敗の問題をできるだけ小さくすることが，よりよい社会を創るために最も大切である」という主張について説明してみよう。
5.* p を価格，x_d を需要量，x_s を供給量とする。需要関数が $x_d=4-p$，供給関数が $x_s=p$ で与えられるときの市場均衡における価格と取引量は，それぞれ $p=2$ および $x=2$ によって与えられることを説明しよう。
6.* 上記5.の市場均衡における消費者余剰と生産者余剰は，それぞれ2となることを説明しよう。また，取引量が1となった場合の死重損失は，1となることを説明しよう。

Discussion　　　　　　　　　　　　　　　　　　　　　議論しよう

「市場の失敗」の問題が大きいという立場と，「政府の失敗」の問題が大きいという立場に分かれて，どちらが大きいと考えられるか議論してみよう。

第3章 財政の仕組み

Learning Points
▶日本の財政の仕組みを，単純化することでわかりやすく説明します。
▶財政状況の望ましさを判断するための指標を紹介します。
▶望ましい財政制度を作るための基本的な考え方について紹介します。

Key Words
中央政府　地方政府　一般会計　特別会計　財政制度　財政指標

1　政府の仕組み

　政府という組織は，財政の面でも複雑な構造をしています。その基本構造を，**中央政府**と**地方政府**に分け，それぞれの特徴と関係を財政の観点から整理します。そして，中央と地方の財政を，それぞれ**一般会計**と**特別会計**に分けてみることで，政府の財政の基本的仕組みへの理解を深めていきます。

1.1　中央政府と地方政府

　日本では，中央政府と多数の地方政府が存在します。**中央政府**は，日本では国と呼ばれることが多いのですが，本書では，国という言葉は，可能な限り「私たち国民が作る社会」を指す言葉として使います。日本では「国のために働く」ということを，政府のために働くことと考える人が少なくないと感じます。しかし，日本をよりよい社会にするために，民間企業や非営利組織で働くことも，自営業あるいは個人で働くことも，国のために働くことですね。中央政府は，国を構成する1つの組織にすぎません。

地方政府は、日本では地方自治体（あるいは地方公共団体）とも呼ばれます。地方自治体には条例を制定できる議会と、住民の直接選挙で選ばれた首長（知事や市長など）がおり、政府と呼ぶにふさわしい構造があります。

　地方政府には「都道府県」と「市町村」の2つのレベルが存在します。**基礎自治体**とも呼ばれる市町村の数は、近代的な市制町村制が施行された明治22年には、15,859もあったのですが、その後、**市町村合併**が進み、2004年には3,100、2014年には1,718にまで減少しました。

　一方、都道府県は、戦後、1946年に46都道府県の体制となり、1972年に沖縄が復帰してから47都道府県の体制が続いています。都道府県より広域的な地方政府を作る**道州制**の導入なども検討されてきましたが、実施には至っていません。それぞれの政府の関係は、**図表3－1**に描かれています。

　図中の矢印は、財源の流れを表しています。中央政府は、都道府県のみならず、市町村に対しても財源移転を行い、そのことで市町村を直接コントロールする仕組みを持っています。もちろん、法律も中央政府が定めます。地方政府は、その法律によるコントロールも受けることになります。

　財源移転の仕組みは、**図表3－2**に示されています。中央政府から地方政府への財源移転には、大きく分けて**地方交付税交付金**と**国庫支出金**と呼ばれる2種類の仕組みがあります。これら2つの財源は、中央政府の**特別会計**を経由したり、地方政府の特別会計に繰り入れられたりすることもありますが、その多くは、最終的には、**図表3－2**のように、中央政府の**一般会計**から地方政府の一般会計に繰り入れられていく仕組みになっています。

図表3－1 ▶▶▶ 中央政府と地方政府

図表3-2 ▶▶▶ 中央政府と地方政府の一般会計と特別会計

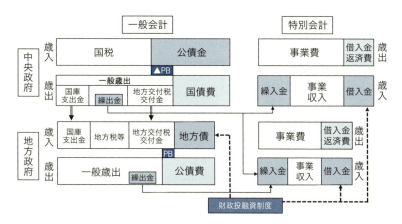

1.2 一般会計と特別会計

　中央政府と地方政府には，一般会計だけでなく，特別会計が存在します。まず，**一般会計**は，課税と公債発行（将来の課税で返済する借金）が，どの程度行われ，どう使われるかを明らかにする会計です。課税は，財産の強制徴収という性格が強いので，その使途を明確にしておくことは大切ですね。

　しかし，一般会計だけでは，政府の活動をすべて把握できません。政府は，さまざまな事業を，多様な収入や資金を得ながら実施しています。それぞれの事業は，**特別会計**で管理されています。現在，中央政府にも，地方政府にも，数多くの特別会計が存在しています。

　たとえば，中央政府の特別会計として，**年金特別会計**という公的年金等のための会計があります。この会計には，中央政府の一般会計からの財源の繰入れとともに，国民が納める年金保険料が入ってきます。この特別会計には，**年金積立金**と呼ばれる資産があり，その運用益も収入となります。これらの収入を財源として，年金の支払いが行われ，年金特別会計の歳出となります。

　特別会計によっては，事業収入と一般会計からの**繰入金**に加えて，借入れを行っている場合もあります。多くの事業で，そのような借入れは，**財政投融資制度**と呼ばれる中央政府の金融事業からの借入れで賄われます。それ

は,中央政府の事業の1つですので,**財政投融資特別会計**が存在しています。

　地方政府にも,さまざまな特別会計があります。たとえば,**介護保険特別会計**は,介護保険事業を実施する基礎自治体の特別会計です。この特別会計には,国,都道府県,市区町村が一定割合で財源を負担する繰入金（支出金）の仕組みがあり,これに介護保険料が加わって歳入を構成します。一方,歳出は,介護サービスの利用に対する保険金支払いです。

　このように,中央政府と地方政府のそれぞれに一般会計と特別会計があり,会計間の財源のやりとりがあります。お金のやりとりは,さまざまな名称で呼ばれますが,**図表3－2**では,別の会計に繰り出される財源を**繰出金**,別の会計から繰り入れられる財源を**繰入金**と呼び,概念的に整理してあります。

　このような繰入金・繰出金の仕組みがあるので,政府の規模を計算する際,一般会計の額と特別会計の額を単純に足し合わせることは不適切な計算となります。繰入金・繰出金の重複を除く必要があります。

2　財政制度

　前節で見たように,財政制度は複雑になっています。中でも特に重要な税制と社会保障制度,そして,政府間の財源移転の制度について説明します。

2.1　税制と社会保障制度

　税は,強制徴収されます。社会契約説に基づけば,それは合意された強制徴収と考えられますが,「財産権の侵害」である以上,まずは公平であることが求められるでしょう。現在,中央政府の税としては,所得税,法人税,消費税,という3つが主要な税となっています。地方政府の場合,住民税と固定資産税が主要な税です。それぞれの税は,公平性,効率性,簡素性などの点で,異なる特徴を持っており,いくつかの税目を組み合わせることで,バランスのとれた**税制**を構築することが求められています。

図表 3 − 3 ▶ ▶ ▶ 社会保障給付費

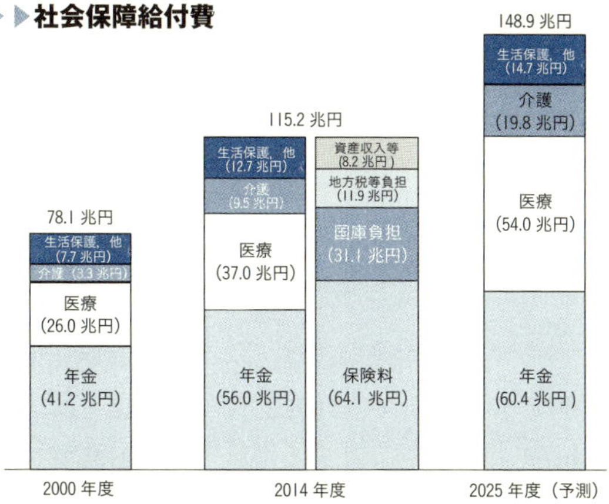

```
                                              148.9 兆円
                                           生活保護, 他
                                           (14.7 兆円)
                                              介護
                                           (19.8 兆円)
                           115.2 兆円
                        生活保護, 他        
                        (12.7 兆円)       資産収入等
                         介護             (8.2 兆円)
                        (9.5 兆円)       地方税等負担
                                        (11.9 兆円)        医療
     78.1 兆円             医療                           (54.0 兆円)
   生活保護, 他            (37.0 兆円)     国庫負担
   (7.7 兆円)                            (31.1 兆円)
    介護 (3.3 兆円)
     医療
   (26.0 兆円)

     年金                  年金          保険料             年金
   (41.2 兆円)            (56.0 兆円)    (64.1 兆円)        (60.4 兆円)

    2000 年度             2014 年度      2025 年度（予測）
```

出所：財務省資料（http://www.kantei.go.jp/jp/singi/gskaigi/working/dai3/siryou2.pdf）。

　一方，**社会保障制度**は，年金，医療，介護という 3 つの**社会保険**を中心とする制度です。これに，生活保護という税財源による**公的扶助**，そして近年は子育て支援も，社会保障制度を構成する要素と考えられています。このような社会保障のための支出は，一般に，**社会保障給付費**と呼ばれています。**図表 3 − 3** は 2014 年度の財源構成と給付費（および推移）を示しています。

　前節で見たように，社会保障関連事業は，生活保護などを除くと，中央政府や地方政府の特別会計で管理されています。また，その特別会計には，税財源が繰り入れられています。社会保障給付費は，このように別々に管理されている会計を寄せ集めて計算したものです。

　図表 3 − 3 の 2014 年度の財源構成に見られるように，中央政府の一般会計の**社会保障関係費**（国費負担）は，約 31 兆円ですが，特別会計に計上される社会保険の保険料や地方政府の負担などを含めると，2014 年度には，約 115 兆円の社会保障給付費が支出されました。この額は，高齢化の深化とともに，急速に増加していくと予想されています（2025 年度の予測値を参照）。

　社会保障関係費の財源構成を見ると，かなりの部分が社会保険料で賄われていることがわかります。日本では，すべての国民が公的な医療保険と年金に加入する**皆保険・皆年金**の制度となっています。保険料は強制徴収の特徴を強く持っていますので，使途が限定された税と考えられます。したがって，

社会保険料もまた，公平性，効率性，簡素性といった観点から，その特徴を明らかにし，税と社会保険料をどう組み合わせるかが重要になります。税制と社会保障制度を一体的に設計することが望ましいと考えられます。

2.2　政府間財政移転制度

　財政制度の中で，もう1つ重要なのは，政府間の財政関係です。中央政府から地方政府への財政移転として，**地方交付税交付金**と**国庫支出金**がありますが，地方政府の中でも，都道府県から市町村への**財政移転**があります。

　まず，**地方交付税交付金制度**は，中央政府の税収の一定割合を，一定のルールに基づいて地方政府に交付する制度です。これは，「使途が特定されない**一般定額補助金**」ですので，地方政府は，交付金を自由に使えます。

　一方，国庫支出金は，地方政府の特定支出の一定割合を中央政府が負担する「使途が特定された**特定定率補助金**」です。都道府県から市町村への支出金も，国庫支出金と同じ特徴を持つ補助金です。たとえば，市町村の施設整備や市町村の介護保険事業などには，国や都道府県の支出金があります。

　一般に，交付税交付金のような定額補助は，地方政府間の財政格差を是正する仕組みと考えられます。一方，国庫支出金のような定率補助は，国全体で負担することが望ましい支出に対して，中央政府が補助を行う仕組みです。このような財政移転の仕組みは，理論的に正当化できますが，地方政府が補助金に依存してしまうといった副作用があることも知られています。副作用を意識しながら，制度設計を行うことが重要です（第13章**4.1**項）。

3　財政指標

　政府の活動が社会に与える影響を考える上で，財政の指標は有用な情報を提供してくれます。いくつかの財政指標を見ていきましょう。

3.1 財政規模と健全性の指標

大きな政府が良いのか，それとも小さな政府が良いのかは，よく議論されることですが，政府の規模をどのように定義するのがよいのでしょうか。1つの指標は，**国民負担率**とも呼ばれる「税と社会保険料の合計額が国民所得に占める割合」です。**図表3－4**は，その国際比較を行ったものです。

実際には，政府部門の歳出は，将来の納税者の負担となる**財政赤字**（公債発行）によっても賄われており，その割合を加えることで，政府部門が国民所得に占める割合を推測できます。ほとんどの先進国で，その規模は40%を超えており，70%を超えるような国もあります。日本は，アメリカとヨーロッパの国々の中間に位置するという状況です。

社会保障関係費のかなりの部分を税で賄う国がある一方で，社会保険料で賄う国もあります。財政赤字をほとんど発行していない国がある一方で，財政赤字に大きく依存する国もあります。財政赤字への依存が大きい国は，将来世代に税負担を先送りしている国ですので，財政の健全性の観点から懸念が持たれます。財政赤字が蓄積したものが，**公債残高**です。

公債残高がGDP（国内総生産）に占める割合は，健全性の指標の1つと考えられます。その比率の推移を，いくつかの先進国についてみたのが，本

図表3－4 ▶▶▶▶ 一般政府の規模と財源構成

国	社会保障負担率	租税負担率	財政赤字対国民所得比	国民負担率（括弧内は対国内総生産(GDP)比）	潜在的な国民負担率(括弧内は対GDP比)
日本（2015年度）	17.8	25.6	−7.4	43.4 (32.4)	50.8 (37.9)
アメリカ（2012年）	7.4	23.7	−9.1	31.1 (24.8)	40.2 (32.1)
イギリス（2012年）	10.7	36.0	−11.2	46.7 (34.7)	57.8 (43.0)
ドイツ（2012年）	22.1	30.1	0.0	52.2 (39.0)	52.2 (39.0)
スウェーデン（2012年）	7.1	49.0	−1.4	56.1 (37.0)	57.5 (38.0)
フランス（2012年）	26.3	39.4	−6.9	65.7 (46.2)	72.6 (51.1)

出所：財務省資料（https://www.mof.go.jp/budget/fiscal_condition/basic_data/201502/sy2702p.pdf）。

書の「はじめに」で見た**図表1 ❸**です。この指標が上昇し続ける場合，国民が生み出す付加価値（所得）に対する政府部門の借金の割合が上昇し続けるということですので，借金の返済が行えなくなる可能性が高まります。そこで，この比率が安定するような財政赤字の水準への関心が高まりました。

基礎的財政収支（**プライマリー・バランス**：**PB**）という指標は，そのような観点から重視されるようになった指標です。いくつかの定義が可能ですが，比較的わかりやすいのは，「PB ＝ 税収 − 一般歳出」という定義です。PB<0 ならば基礎的財政収支が赤字（不等号が逆なら黒字）と言われます。日本では，長期間にわたって基礎的財政収支が赤字でした。2015 年度を例として，**図表3−5**で具体的に見てみましょう。

この図は，**図表3−2**の中央政府と地方政府の一般会計の部分を詳しく見た図です。基礎的財政収支の実際の計算では，税収以外の収入も含めて「税収」を考えますので，**図表3−5**の中央政府の場合，図中の「▲PB」で示される基礎的財政収支は −13.4（=59.5−72.9）兆円となります。図が示すように，これは，利払・償還のための国債費から公債金収入を引いた額です。

図表3−5 ▶▶▶**中央政府と地方政府の一般会計（2015 年度予算の例）**

中央政府 (96.3)	歳入	国税 (54.5)					その他		公債金 (36.9)	
		所得税 (13.7)	法人税 (10.1)	消費税 (17.1)	その他 (13.6)	その他収入 (5.0)	建設国債 (6.0)	赤字国債 (30.9)	
								▲PB			
	歳出	一般歳出 (72.9)【基礎的財政収支対象経費】						国債費 (23.5)	
		社会保障関係費 (30.2), 公共事業 (6.0), 防衛 (5.0) など					交付税 (15.5)	利払費等 (10.1)	償還費 (13.3)
		国庫支出金 (13.1)	交付税・国庫支出金を除く一般歳出 (44.3)							

地方政府 (85.3)	歳入	国庫支出金 (13.1)	地方税 (37.5)	交付税交付金 (17.1)	地方債 (9.5)	その他 (5.6)
			一般財源 (61.5)【地方債のうち臨時財政対策債 (4.5) を含む】				
	歳出	地方一般歳出 (69.3)				公債費等 (14.6)	その他 1.4
		給与関係費 (20.3)	一般行政経費 (35.1)	投資的経費 (11.0)	その他 (13.6)		

注：括弧内の数字の単位はすべて兆円。
出所：財務省・総務省資料。

借金の利払いを税収で賄えず借金で返済し、負担を先送りするのみならず、自らの普段の生活のための支出（一般歳出）も税収で賄えず、借金をさらに膨らませる不健全な生活をしているということです。

一方、**図表3-5**の地方政府を見ると、地方政府では地方債による借金の額は公債費を下回っており、地方政府の基礎的財政収支は5.1兆円の黒字になっていることがわかります。日本政府は、この中央政府と地方政府の基礎的財政収支の合計をゼロにすることを目標としてきました。

それが実現すれば、政府の借金の利払いのためだけに、公債の発行が行われますので、公債残高は利払いの分だけ増えていきます。その成長率は利子率ですので、GDPの成長率が利子率よりも大きければ、公債残高がGDPに占める割合は一定水準に落ち着いていきます。しかし、理論的にも実証的にも、長期的には、経済成長率は利子率より小さいことが知られています。

したがって、基礎的財政収支（PB）がゼロになっても、残念ながら、公債残高がGDPに占める割合は、上昇し続けると考えられます。PB＝0とするだけでは不十分で、借金の利払いを税収で賄っていくことが、財政破綻を食い止めるためには必要と考えられます（詳しくは第11章**1.1**項を参照）。

3.2 公平性の指標

財政赤字は、税負担の先送りですので、**世代間の不公平性**の指標の1つと考えられますが、実は、それは不完全な指標です。財政赤字を発生させることなく、若者世代から高齢世代への不当な所得移転を行うことは可能だからです。たとえば、若者世代が負担する労働所得税を引き上げ、増収分で高所得の高齢世代の年金所得税を引き下げる政策は、その一例です。

世代間の公平性を分析するためには、**世代会計**と呼ばれる指標が有用です。日本でも世代会計の推計が行われ、**図表3-6**のような結果が出されました。

この図は、各世代の代表的個人を考え、生涯を通じて政府部門から得られる便益の現在価値（上半分）と政府部門に対して支払う税・社会保障負担の

図表3-6 ▶▶▶ 世代間の公平性

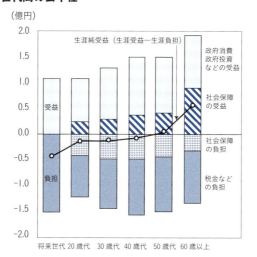

出所:内閣府『平成13年度 年次経済財政報告』(第3-3-5図)。

現在価値(下半分)を計算したものです。**現在価値**とは,将来の便益や費用を現在の価値で適切に評価した額です(第5章**1.1**項を参照)。その差が,各世代の代表的個人が政府部門から得る純便益です(折れ線)。

この指標は,世代間の公平性を考える際の重要な指標になります。**図表3-6**は,高齢者世代は純便益が高く,これから生まれてくる世代の純便益が大きなマイナスの値をとっていることを示しています。たとえば,「20歳代世代(70~79年生まれ)と60歳以上世代(39年以前の生まれ)を比較すると,生涯の純受益格差は7,000万円を超えている」と指摘されます。

注意しなければならないのは,指標の解釈です。純便益が高い高齢者世代は,非常に優遇されていて不公平という印象を持つかもしれません。しかし,純便益の差が正当化できるのか否かを考えてみることが大切です。

たとえば,高齢者世代は,国がまだ貧しい時期に育った世代ですので,高い純便益は,所得が低い世代への適切な所得再分配として正当化できるかもしれません。また,高齢者世代の社会保障負担が小さいことは,社会保障制度が充実していなかったため,親の扶養や介護の負担を私的に担っていたと

いうことで，正当化されるかもしれません。

しかし，1980年以降に生まれた世代の純便益が大きなマイナスになっていることには疑問が残ります。特に，現在，日本が抱えているさまざまな課題を考えると，将来世代が高い所得を享受できる可能性は低く，世代間再分配の観点から，それを正当化することは難しいと考えられます。若い世代は，この問題にもっと関心を持ち，政治的意思表明をすべきでしょう。高齢化の進展で，若い世代が政治的マイノリティ（少数派）になった今，政治参加に対して無力感を感じるかもしれません。しかし，心ある大人もいるはずです。日本の未来は，それを担う若者が作っていくしかありません。

なお，世代内の公平性の指標としては，所得階層ごとに，政府からの純便益を比較してみることが有用です。世代内の公平性を議論する際，しばしば税制の累進性が議論されますが，社会保障制度まで含めた純便益で判断することが望ましいと考えられます。たとえば，消費税は**逆進的**（低所得者ほど負担が重い）と言われますが，その財源が社会保障制度を通じて，低所得者に優先的に用いられるなら，全体として公平性を高める政策にもなりえます。公平性の観点からも，税制と社会保障制度を一体的に見ることが重要です。

4 望ましい財政の仕組み

財政の仕組みは，社会や経済に大きな影響を与えます。望ましい仕組みを設計する際に有用と考えられる枠組みを紹介します。

4.1 制度設計

健全な財政運営が持続的に行われるために，制度設計は重要です。制度設計でまず重要となるのは，どのような状態を「望ましい状態」と考えるかです。望ましい状態を探すことは，経済学では**規範的アプローチ**と呼ばれます。公平性の観点も含めて，社会的な便益と費用を比較し，**社会的費用便益**

分析に基づいて，純便益が最大になる状態を探す手法は，その1つです。

規範的アプローチの中には，公平性をある程度考慮した**社会厚生関数**を用いて，望ましい状態を探す手法もあります。しかし，公平性の考え方の中には，社会厚生関数では表せないものもあります。その場合は，効率性と公平性のバランスを考えて，望ましい状態を見つけることになるでしょう。

公平性の考え方は人によって異なることが多いため，制度設計では，どのような**価値観**（公平性の考え方）を想定するかが重要になります。残念ながら，政策や制度設計に関する議論では，私たちは価値観の問題から逃れることはできません。逃げられない以上，どのような価値観に基づく議論であるかを明示することが重要です。

目指すべき「望ましい状態」を明確にすることは，制度設計で最も重要な作業の1つですが，どのような制度を作れば，その「望ましい状態」を実現できるかを考えることもまた重要な作業です。その作業を行うためには，人々がどのように行動するのか深く理解しておくことが必要です。

制度設計者が，人間行動に関する十分な理解を持っていない場合，「望ましい状態」を実現するために設計したはずの制度の下で，**想定外の行動**が起こり，望ましくない状態が実現してしまうことがしばしば起こります。

たとえば，不遇な状況に陥った人を助ける弱者保護政策は公平性の観点から望ましいと考えられます。しかし，弱者が救済に期待してしまい，自立する努力を怠り，弱者にとっても社会にとっても望ましくない状況が起こりえます。この問題は，聖書の中に出てくる心優しいサマリヤ人が困っている人を助ける際に直面する問題ということで，**サマリヤ人のジレンマ問題**とも呼ばれています。これは**性悪説**に基づく議論というより，人は生まれながらにして弱い生き物であるという**性弱説**に基づく議論と考えられます。

経済学では，**事実解明アプローチ**と呼ばれる研究において，人々は**費用便益分析**に基づいて行動するとの仮定に基づいて，科学的に人々の行動を分析してきました。確かに，人々の行動は，費用便益分析だけでは説明できないことも多いのですが，上述のような想定外の行動が，費用便益分析に基づく

と簡単に説明できることも少なくありません。

人間行動に関する深い理解に基づいて，人々が自然に「望ましい状態」に導かれていくような制度を考えることは，経済学では**メカニズム・デザイン問題**と呼ばれます。政策や財政制度の設計では，とても重要な作業です。

4.2 個人・家族・共同体

人々の行動を考える際には，**個人**が多様な組織に所属しているという事実を認識しておくことが大切です。経済学では，人々が所属する組織として，**企業**を意識した分析や議論は行われてきました。しかし，社会保障の制度設計などを考える際に重要と考えられる**家族**という組織の機能や構造については，実は，あまり明示的に考慮されることがありませんでした。

たとえば，伝統的には，高齢者の生活保障は家族が行ってきました。ところが，社会保障を通じて，政府が高齢者の生活保障を行うようになると，家族という組織が大きく変化します。そして，そのような**家族の変容**は，人々の行動も変化させます。

たとえば，若い人が結婚しなくなったり，子どもを産まなくなったりしてきたことは，社会保障制度の充実による家族の変容に一因があると考えられます。それが財政に与える影響は大きいため，「望ましい状態」を実現するためには，家族の機能や構造を深く理解することもまた重要です。

さらに，よりよい社会を作る仕組みとして，日本では町内会や自治会などの**地域共同体**も重要な役割を果たしてきました。また，近年は，**非営利組織**（NPO）と呼ばれる**共同体**も重要な役割を果たすようになってきました。日本では，企業も一種の共同体とみなすことができるでしょう。近年，政府は，このような民間組織との連携が重要だと考えられるようになっています。

財政学の中でも，このような共同体の機能と構造についての理解を踏まえて，政策や制度について議論することが大切です。本書でも，家族を含むさまざまな共同体の機能と構造に関する近年の研究に基づいて，望ましい財政

の仕組みについて考えていきます。

　なお，家族や共同体は，人々にとって身近であるがゆえに，それらに関する**価値観**の違いが，政策的介入のあり方に関する議論で重要になる場合も少なくありません。たとえば，「男女の役割分担」に関する価値観は，日本の政策や制度の設計に大きな影響を与えています。私たちは，何かを信じて生きています。時には，どのような価値観に基づいて議論することが望ましいのかについて，議論しなければならないことも出てくるでしょう。

Working　　　　　　　　　　　　　　　　　　　　　　調べてみよう

1. 現在の基礎自治体の数を調べてみよう。
2. 昨年度の国の予算と決算を調べてみよう。
3. あなたが住む市区町村と都道府県の昨年度の予算と決算を調べてみよう。
4. 原発立地自治体にどのような財政措置が行われているか調べてみよう。

Check　　　　　　　　　　　　　　　　　　　　　　説明してみよう

1. 一般会計と特別会計が存在する理由を説明してみよう。
2. 財政投融資制度が存在する理由を説明してみよう。
3. 中央政府が，都道府県に対しても，市町村に対しても，財政移転を行う仕組みが存在する理由について考え，説明してみよう。
4. 世代間の公平性を測る指標としては，財政赤字よりも，世代会計のほうが望ましいと考えられる理由を説明してみよう。

Discussion　　　　　　　　　　　　　　　　　　　　　　議論しよう

　財政の仕組みを考える際，家族の役割について，どのように考えて政策を設計したらよいだろうか。たとえば，高齢者の介護や生活保障は，家族を中心に行ってもらうことを期待した政策が望ましいのか，それとも公的支援を充実させる政策が望ましいのか。高齢者の介護や生活保障を家族が行うことのメリット・デメリットを考えて，2つの立場に分かれて議論してみよう。

第 II 部

公共政策を設計する

第4章 公共財

第5章 経済政策

第6章 社会保障制度

第7章 社会政策

第4章 公共財

Learning Points
▶公共財は,「みんなで使える」という特性を持っています。
▶公共財は私的に供給されることも多く,公的供給と密接な関係を持ちます。
▶公共財の最適供給のあり方について,供給主体の問題も含めて整理します。

Key Words
公共財　非排除性　非競合性　準公共財　最適供給　私的供給

1　生活の中の公共財

　私たちは生活の中で,政府が供給しているさまざまな財やサービスの便益を享受しています。本節では,どのような財やサービスを政府が供給することが望ましいのかという問題について考えてみます。

1.1　公共財とは

　私たちは生活の中で,政府が供給しているさまざまな財やサービスの便益を享受しています。上下水道,道路,空港,港湾,公園,学校,図書館,体育館,公民館,保健所,病院,健康保険,介護保険,年金,生活保護,ゴミ収集,国防,防災,警察,消防,司法,行政サービスなど,本当にさまざまな財・サービスが提供されています。

　その費用を賄うための対価として,私たちは税や社会保険料を支払っています。しかしながら,日本では,このような財・サービスの費用のかなりの部分を,赤字公債の発行によって賄い,巨額の公債を累積してきました。

このような状況で，政府はどこまで財・サービスを提供することが望ましいのかという問題が重要になっています。一般に，政府が提供する財・サービスを「公共財」と呼ぶことは多いのですが，政府はどのような財・サービスを提供すべきなのかという問題を考える際には，財・サービスの特性に注目して，「**公共性**がある財・サービス」を**公共財**と呼ぶことが有用です。

ここで問題となるのは，「公共性がある」とはどのような特徴を指すのかということです。経済学では，それは，ひと言で言えば「みんなで使える」という特性ではないかと考え，非排除性と非競合性という2つの性質によって特徴づけられると考えてきました。

まず**非排除性**とは「利用を排除することが難しい」という性質です。言い換えると，誰もが利用できるという性質です。一方，**非競合性**とは，「利用において競合が生じない」という性質です。つまり，誰が利用しても他の人の利用を減らすようなことはないという性質です。実は，これら2つの性質は，市場の失敗の問題と深く関わっています。

まず，非排除性が大きい財・サービスの例として，海や山などの共有地（**コモンズ**とも呼ばれます）の資源があります。海での漁を排除することは難しいですね。また，古典的な例である灯台も，利用を排除することが難しいサービスです。非排除性が高いということは，無料で便益を得られるということですので，市場の失敗の中の**外部性**の問題と深く関わっています。

さて，海や山などの共有地の資源は，誰かがそれを獲ってしまうと，他の人は利用できなくなりますので競合性があります。特に，共有地の場合は非排除性が高いため，人々が，資源が枯渇するまで獲り尽くしてしまうという**共有地の悲劇**と呼ばれる問題が起こることが知られています。

これに対して，灯台の光は，非排除性が高いのですが，誰かが利用しても他の人の利用水準が低下することはありませんので，非競合性も高いですね。共有地の悲劇の問題を心配する必要はありません。非競合性があるということは，利用者が多いほど1人当たりの費用は低くなるということを意味しますので，市場の失敗の1つである**規模の経済性**の問題と深く関わっています。

一方，(混雑していない) 高速道路や (デジタル) 放送は，非競合性は高く，非排除性は低いという特徴を持ちます。非排除性が低く，排除が簡単な場合，利用に際して料金を徴収できます。そのような財・サービスは，非競合性の特徴を活かして，定額料金を支払って会員になった人に自由に利用してもらうというビジネスが行われることが多く，**クラブ財**とも呼ばれます。

財・サービスの中には，このように市場の失敗の問題と深く関わる非排除性と非競合性という特徴を持っているものが少なくありません。その場合，市場経済では，効率的な生産・供給が行われないため，政府が介入することが正当化されるのです。一般に，上記のいずれかの性質がある場合に**公共財**と呼び，いずれの性質も持たない場合に**私的財**と定義できます。

1.2　公共財の分類

非排除性と非競合性のいずれの性質も，有無だけでなく，その程度が重要になります。そこで，**図表4-1**のように，その程度を表現できる図を描き，さまざまな財・サービスの公共性について考えてみます。

一般に，完全な非排除性と非競合性を持つ財は，**純粋公共財**と呼ばれます。古典的な例は国防，灯台，(混雑していない) 一般道路などですが，技術や知識も，非競合性があるのみならず，特許や著作権などの政策的対応がなければ，利用を排除することが難しいので，純粋公共財の例と考えられます。

図表4-1 ▶▶▶ 公共財の分類

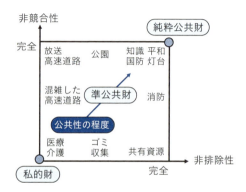

いずれか，または両方の性質が大きい財・サービス（純粋公共財を除く）は，**準公共財**と呼ばれます。すでに見た高速道路や共有資源は，その例です。消防サービスは，非排除性は高いのですが，誰かが利用すると，他の人が利用できないということが起こりますので，非競合性は中程度です。

一方，公園は，非競合性は高いのですが，非排除性は中程度ですので，準公共財と考えられます。ゴミ収集は，非競合性は低いのですが，完全に排除することは難しいので，非排除性は中程度です。公園やゴミ収集のように非排除性が中程度の場合，利用を排除するか否かは迷うところです。たとえば，ゴミ収集は有料化されて私的財のように供給される場合もありますが，無料で公共財として（排除されずに）供給される場合もあります。

一般に，**図表4－1**の右上の領域にある公共性の程度が大きい財・サービスほど，政府が供給するほうが望ましいと考えられますが，必ずしもそうとは言えません。技術や知識は，非排除性も非競合性も高いのですが，一般に，**特許**や**著作権**の制度を通じて，排除性を高める政策がとられます。結果的に，非競合性の特性が活かせないことになりますが，市場の失敗の問題に，公的供給以外の方法で対応することが望ましいと考えられています。

一方，政府が私的財を供給している場合も少なくありません。たとえば，医療や介護は，排除は容易で競合性も高いサービスです。財の特性としては私的財と考えてよいのですが，多くの国で公的に供給されています。それは，不完備情報という市場の失敗の問題が深刻で，国民の基本的人権を保障するためにも重要と考えられるからです（詳しくは，第6章第3節を参照）。

財・サービスが持つ公共性を整理して考えることは有用ですが，公共性が高い公共財は政府が供給すべき，公共性が低い私的財は民間が供給すべきという単純な結論にはならないことに注意しましょう。政府の役割は，市場の失敗の問題を，適切な手法を用いて小さくすることです。私的財であっても，政府が供給することが望ましいことがある一方で，純粋公共財であっても，公的供給以外の手法を用いて，民間事業者に供給させるほうが望ましいと考えられる場合も少なくないということを覚えておいてください。

2 公共財の公的供給

公共財を政府が供給する場合，どのような水準が最適なのかという問題を考えることは重要です。本節では，この問題について考えてみましょう。

2.1 公共財供給の費用便益分析

公共財の効率的な供給水準は，経済学的には明確です。公共財が社会にもたらす総便益から総費用を引いた純便益を最大にするような水準が，最も効率的であるという考え方です。

その基本的な考え方を，簡単な純粋公共財の例を想定して説明してみます。純粋公共財の場合には，すべての人が排除されることなく，同じ水準の公共財を享受できますので，すべての人々の消費量が同じになるという**等量消費**の特徴があります。ここでは，公園を純粋公共財と考えます。

ある町に1万人の住民がおり，その町に公園ができることからの住民1人当たりの毎年の便益は，**図表4−2**のように与えられていると仮定します。

これは，住民に「A km²の公園の利用に対して年間最大いくら払ってもよいですか？」という支払意思額のアンケートを実施し，その平均額が「1人当たりの便益」（②）としてまとめられていると考えてみてください。

一方，この公園の建設費用と維持管理には1 km²当たり毎年5億円の費用

図表4−2 ▶▶▶公共財の費用便益分析

①面積（km²）	1	2	3	4	5	…
②1人当たり便益（万円）	10	17	22	26	29	…
③総便益（億円）	10	17	22	26	29	…
④追加的な総便益（億円）	10	7	5	4	3	…
⑤追加的な費用（億円）	5	5	5	5	5	…
⑥追加的な純便益（億円）	5	2	0	−1	−2	…

が必要とします。なお,公園も混雑してくると,競合性が発生すると考えられますが,純粋公共財と想定していますので,混雑は発生しないと仮定します。また,公園は住民への直接的便益以外にも,地域に便益をもたらす可能性がありますが,ここでは,そのような効果はないと仮定します。

このような仮定の下で,純便益を最大にする効率的な公園の面積を求めてみます。まず便益については,1万人の住民がいますので1人当たりの便益に1万人を乗じることで総便益を推計できます(③)。これから総費用を差し引くことで純便益を計算し,純便益が最大になる面積を計算できますが,以下では,少し異なる計算方法で最適な水準を求めてみます。

まず,面積が1㎢増えるごとに,総便益がどれくらい増えるかという「追加的な総便益」(④)から,1㎢ごとに増える追加的な費用である5億円(⑤)を差し引いた額を,追加的な純便益(⑥)と呼びます。この純便益がプラスであれば,面積を増やすことで純便益が増えます。したがって,追加的な総便益が追加的な費用を上回っている場合は,面積を増やすことは望ましいですね。一方,追加的な総便益が追加的な費用を下回ってしまうと,面積を増やすことは望ましくありません。したがって,追加的な総便益と追加的な費用が一致しているときに,最適な公共財水準が実現すると考えられます。

図表4-2のケースでは,最適な面積は3㎢となります。このように,アンケート調査などにより,人々の公共財に対する評価を推定し,最適な公共財供給の実現に役立てることができます。そのような手法は,**仮想市場評価法**と呼ばれています(第5章**1.2**項を参照)。

2.2 公共財の最適供給

上記の考察が示唆しているのは,「みんなで使える」公共財の場合,公共財の追加によって増加する効用をすべて足し合わせた総便益が,公共財の追加的な生産に必要な費用を上回る限り生産を続けたほうがよいということです。これは,公共財が,多くの人に便益をもたらすという特徴を持つからで

す。したがって，最適な公共財水準では，公共財供給による人々の追加的な効用の和と追加的な費用が等しくなるという条件が成り立つはずです。

純粋公共財の最適供給に関する**サミュエルソン条件**は，まさにこのような最適条件を表しています。いま，n 人の個人がいる経済を想定し，第 i 個人の純粋公共財と私的財の**限界代替率**を MRS_i，公共財と私的財の**限界変形率**を MRT と表記すれば，サミュエルソン条件は，

$$MRS_1 + MRS_2 + \ldots + MRS_n = MRT$$

と表されます。ここで，限界代替率は，「公共財の1単位の追加による効用の増加を私的財の数量で評価した値」です。一方，限界変形率は，「公共財の1単位の追加に必要な費用を私的財の数量で評価した値」です。つまり，サミュエルソン条件は，私的財を基準財として，「公共財供給による人々の追加的な効用の和と追加的な費用が等しい」という直感的な最適条件を，厳密に表現した条件ということになります。

参考までに，私的財供給の最適条件は，各個人 i に関して $MRS_i = MRT$ という条件，つまり，限界代替率と限界変形率が一致するという条件で表されます。私的財の場合，排除性がありますので，その1単位の追加で増加するのは，それを利用する個人の効用のみです。したがって，最適条件もその事実を反映したものになっています。

私的財供給の最適期条件は，市場において，価格に導かれて自然に成立します。これに対して，公共財の最適条件を保証する仕組みは，市場には見当たりません。そこで，経済学者は，市場に似たメカニズムを人工的に創設し，最適な公共財供給が自然に行われるようにならないだろうかという**メカニズム・デザイン**問題に取り組んできました。

リンダール均衡あるいは**クラーク・グローブズ・メカニズム**などと呼ばれる仕組みが考案されてきましたが，人々の公共財に対する評価を完全に知ることができない場合には，パレート最適性を実現するメカニズムは一般には存在しないこともわかってきました（小川・西森［2015，第3章］を参照）。

3 公共財の私的供給

すべての「公共財」が，政府によって供給されているわけではありません。本節では，公共財の私的供給の特徴と公的供給との関係を見ていきます。

3.1 私的な公共財供給の非効率性

公共性のある財を，個人が提供している例は少なくありません。たとえば，一般にボランティア活動は，社会全体が便益を受けますので，非排除性，そして時には非競合性を持つ活動です。また，ソフトウェアやアプリは非競合性が高い財ですが，無料で，つまり利用を排除しない形で提供している人たちも少なくありません。これもまた**公共財の私的供給**の例です。

寄付，ボランティア，NPO・NGO の活動など，自発的な公共財の私的供給は，厳しい財政状況にある政府が期待していることの1つです。しかし，公共財の私的供給は，期待通りには増えていません。その理由を理解するために，次のような例を考えてみましょう。

いま，路上で2人の個人を無作為に選び1万円札を与えて，それを「寄付箱」に寄付するか否かを聞くとします。寄付金は5割増となり，寄付の有無にかかわらず平等に分配されます。したがって，2人とも寄付する場合は，それぞれ1.5万円を手にすることができます。1人だけが寄付する場合は，寄付されたお金は1.5万円となり，これが分割・分配されますので，寄付した人の所持金は0.75万円となる一方，寄付しなかった人は手元の1万円と合わせて1.75万円の所持金を手にすることになります。両者が寄付しない場合には，2人の所持金は1万円のままです（図表4－3を参照）。

このような「寄付ゲーム」を教室で行ってみると，実は，多くの学生が「寄付しない」という行為を選びます。なぜなのでしょうか？

図表 4 − 3 ▶▶▶ 寄付ゲーム

個人1＼個人2	寄付する	寄付しない
寄付する	1.5, 1.5	0.75, 1.75
寄付しない	1.75, 0.75	1, 1

　ここで，合理的な行動を考えてみましょう。相手が「寄付する」場合，自分が寄付すると1.5万円，寄付しないと1.75万円を受け取れます。「寄付しない」ほうがいいですね。一方，相手が「寄付しない」場合，寄付すると0.75万円，寄付しないと1万円を受け取れます。やはり「寄付しない」ほうが得です。相手の行動にかかわらず，「寄付しない」ほうが利得が高くなりますので，「寄付しない」ことが，確かに合理的選択となっています。

　言うまでもなく，2人とも寄付して1.5万円ずつ受け取ることが最適な状態です。しかし，人々が合理的な選択を行う場合には，寄付せずに1万円ずつにとどまってしまいます。非効率的な選択が行われることになりますね。

　私的な公共財供給の問題は，多くの場合，この寄付ゲームと同じ構造を持っています。私的に供給する公共財は，非排除性を持ちますので，他の人によっても享受されます。したがって，他の人に無料で利用（**ただ乗り**）されること意識して，公共財供給を行うべきかどうかを考えることになります。

　利己的で合理的な人にとっては，他の人の公共財供給にただ乗りしたほうがよいという結論となり，公共財供給をする人があまりいなくなるのです。これは正の外部性を持つ行動は過小となるという問題と本質的に同じです。

　他の人の喜びを喜びと感じる**利他心**や，寄付やボランティアを行うことから喜びを感じる**不純な利他心**を持つ人であれば，喜んで公共財供給を行うと考えられます。しかし，寄付ゲームでも寄付する人はそれほど多くないという事実は，公共財の私的供給は，あまり期待できないことを示唆します。

3.2　公共財の私的供給と公的供給

　公共財の私的供給の不十分さを補おうとして，政府が**公共財の公的供給**を

増やすと、どのような変化が起こるでしょうか。この疑問は、公共財の私的供給と公的供給の関係を明らかにするために投げかけられた疑問です。

この疑問について、上の例を少し修正した例を使って考えてみましょう。上の例では1万円を寄付するか否かが問われましたので、寄付しないという行為が選択されましたが、寄付額を自由に選べるとすれば、若干の寄付が行われる場合が少なくありません。たとえば、2人の個人が寄付箱に2千円を寄付することを選択し、寄付箱に合計4千円が投入されたとしましょう。

ここで寄付箱をさらに膨らませることを目的として、寄付ゲームをやり直します。まず「政府」が各個人から千円を税として徴収して、2千円を寄付箱に追加で投入したとしましょう。2人は、最初と同じように2千円を寄付して、寄付箱の中身は、政府が期待するように6千円になるでしょうか。

実は、参加者が合理的に行動するなら、寄付箱の中身は4千円のままだろうと予想されます。各自にとっては寄付箱に2千円を投入することが最適なので、2千円を寄付したと考えられるのですから、政府が千円を税で徴収して寄付箱に投入するのなら、課税分を寄付金から差し引いて、千円だけを寄付し、寄付箱には合計で4千円になるだろうと考えられるからです。寄付する予定だった2千円のうち千円分は政府を通して寄付したと考えて、自らは残りの千円分のみ寄付するのが合理的と考えられるということです。

人々がこのように合理的に行動する場合、政府による公共財供給は、公共財の私的供給を同額だけ押しのけ、総供給には全く影響を与えられないことになります。この推論は、政府による公共財供給の**クラウディング・アウト命題**あるいは**中立命題**として知られています。この理論的推論は、実際には完全な形では成立しないことが知られていますが、部分的にはクラウディング・アウト効果が存在することも確認されています。

このような議論は、政策を考える上で興味深い視点を提示しています。たとえば、政府による公共財供給が極めて少ない場合、人々が寄付やボランティア活動を通じて公共財供給を行うようになります。政府が十分な公共財供給を行うようになると、私的供給は低下します。公共財の私的供給が活発で

ないことは，政府が十分に公共財供給を行っている証とも考えられます。

しかし，財政難に直面する政府が，公共財供給を減少させると，やがて自発的な公共財供給が増加して，それほど公共財供給は減らないと予想されます。逆に，そのような状況で，政府が公共財供給を増加させても，私的な公共財供給が減少して，公共財供給はそれほど変わらない可能性があります。

公共財の私的供給が活発に行われる社会は，おそらく非効率的な社会です。しかし，日本も極めて厳しい財政状況に陥り，私的な公共財供給に頼らざるをえない状況にあると考えられます。人々が自然に持つ**利他心**や**不純な利他心**を活かしながら，公共財水準の低下を食い止める政策が重要になると考えられます。中立命題は，多くの示唆を含んだ命題です。

4 公共財の供給者

公共財は誰が供給するのが望ましいのかは，現代の政府のあり方を考える上で，とても重要な問題です。第1に，民間事業者と政府のどちらが望ましいかという問題があります。第2に，政府が望ましい場合，どのレベルの政府が供給するのが望ましいのかという問題があります。

4.1 政府 vs 民間

第1の問題から考えてみましょう。前節で見たように，公共財の私的供給が最適となることは期待できませんが，政府が供給することが本当に望ましいと言えるでしょうか。公共財を特徴付ける2つの性質を考えた場合，基本的には政府が供給したほうが望ましいと考えられます。

まず，「非排除性」は，利用の排除が難しいということですので，料金徴収ができず，**収益性**の確保が必要な民間事業者が供給することは難しくなります。価値あるサービスであれば，税金を使って政府が供給して，サービスを排除せずに利用してもらうほうが望ましいと言えそうです。

次に,「非競合性」は,たくさんの人が使ってもサービス水準が低下しないという性質ですので,たくさんの人に使ってもらえるほうが望ましいと考えられます。そのためには,無料または低価格で利用してもらうほうがよいのですが,それでは,民間事業者は十分な収入を得られず,民間事業者が供給することが難しいという問題が起こります。したがって,この場合も,政府が供給することが望ましい可能性が高いと言えるでしょう。

しかし,このような公共財をすべて政府が供給することになると,政府は肥大化し,さまざまな政府の失敗の問題が起こります。そこで,民間事業者が供給することの費用が小さい場合や代替的な解決方法がある場合は,民間事業者が供給するほうが望ましくなる可能性が高まります。

たとえば,特許や著作権を守る仕組みを作り,ある程度利用を排除できるようになれば,民間事業者が収益事業として実施できます。また,排除せずに無料で利用してもらう一方で,広告収入などの事業収入を得ることができれば,非排除性の高い財・サービスを民間事業者が供給することも可能です。

非競合性がある場合でも,排除性がありクラブ財の性格を持つ場合,たくさんの人に利用してもらいながら利潤をあげられる場合も少なくありません。特に,**差別価格**や**二部料金**などの仕組みは有効です。たとえば,フィットネス・クラブなどでは,プレミアム料金のような差別価格を設けたり,会員費に加えて利用に応じた支払いを行ってもらう二部料金の仕組みを導入したりすることで,多くの人に利用してもらいながら利潤をあげています。

なお,近年は,公共性が高い財・サービスも,政府が規制や補助金を使って適切に介入を行うことで,民間事業者に供給を任せる**民営化**が進んできます。本書でも,その手法については,第14章で詳しく議論します。

4.2　中央政府 vs 地方政府

政府が供給を行う場合に,どのレベルの政府が行うのがよいかという第2の問題については,一般に,便益が及ぶ範囲で判断されます。たとえば,国

防のように，非排除性の面でも，非競合性の面でも，その便益が及ぶ対象者が全国に広がっている場合は，中央政府による供給が望ましいと思われます。

一方，警察や消防のように，便益が及ぶ対象者が，地理的な条件によって自然に限定される場合，**地方公共財**とも呼ばれ，その便益が及ぶ範囲を対象とするレベルの地方政府が供給することが望ましいと考えられます。

ただし，山や川などによる自然な地理的な区切りと，行政区の境界は一致していないことは多く，ある地方政府の公共財供給の便益が隣接する地域の住民に及び，その排除が難しい場合，**スピルオーバー効果**があると言われ，地方政府による公共財供給は非効率的になることが知られています。

なお，図書館や体育館など，住民のみが利用できる財・サービスを地方政府が提供する場合，特定のメンバーのみにサービスを自由に利用してもらう**クラブ財**の性格を持ちます。地方公共財の最適供給の問題を考える上で，クラブ財の最適供給に関する理論が参考になりますが，非排除性が高い地方公共財の場合には，スピルオーバー効果の問題を考えることが必要です。

さらに，世界的な視野で考えると，ある国の公共財供給の便益が国境を越えて隣接する国あるいは全世界に及ぶ場合があります。そのような特徴を持つ公共財は，**国際公共財**とも呼ばれます。たとえば，アメリカは，世界政府が存在していないなかで，世界の警察の役割を果たしてきました。そのような活動は国際公共財の一例です。

日本も**日米安全保障条約**を通じて，その便益を享受してきましたが，その一方で，アメリカに対して土地や金銭の提供を行い，特にアジア地域におけるアメリカの国際公共財供給の間接的支援も行ってきました。アジア地域での国際関係の緊張の高まりとともに，日本にもさらなる貢献が求められていますが，**武力**の提供のみが国際公共財の供給ではないことに気づくことは重要です。多くの国が，**外交**を通じて世界の平和の維持に貢献しています。

外交活動もまた重要な国際公共財です。国連や世界銀行などの国際機関で働く日本人の割合が，日本の人口や経済力からみて非常に少ないという状況が続いています。**平和憲法**を持つ日本は，今後，これまで以上に，巧みな外

交交渉を行える人材を育成し，世界で活躍してもらうことで，アジア地域そして世界の平和に貢献することができます。

なお，スピルオーバー効果が存在する場合，一般には，上位政府が調整を行うことで非効率性を改善できるのですが，国際公共財の場合，世界政府というものが存在しないために，過小供給の問題が継続しやすいという問題があり，さまざまな国際問題の源泉になっています。

Working   調べてみよう

1. 仮想市場評価法（CVM）を使って，公共財の価値を評価する調査・研究が近年増えてきた。そのような事例をいくつか調べてみよう。
2. 日本は，アメリカ軍の活動を支援することで，国際公共財を提供していると考えられる。どのような支援を行っているか，調べてみよう。

Check   説明してみよう

1. 以下の財・サービスを政府が供給するのは，それらが公共財の性格が強いからだろうか。それとも，財・サービスの性格としては，私的財の性格が強いが，市場の失敗の問題が存在するからだろうか。
   上下水道，道路，空港，港湾，学校，図書館，体育館，公民館，保健所，病院，介護保険，年金，生活保護，ゴミ収集，防災，司法。
2. 公共財は，なぜ政府によって供給されることが多いのか説明してみよう。
3. 公共財の性質を持つにもかかわらず，政府が供給していない財・サービスをいくつか探し，なぜ政府はそれらを供給しないのか説明してみよう。
4.* 公共財と私的財から効用を得る n 人の個人を想定し，最適化問題を解くことで，サミュエルソン条件を導出してみよう。

Discussion   議論しよう

公共財の私的供給は，アメリカでは活発に行われる一方で，日本ではそれほど積極的には行われていない。それはなぜだろうか。それは問題だろうか。

第 5 章 経済政策

Learning Points
▶経済政策は，経済の効率化，安定化，そして成長を追求する政策です。
▶経済政策で重要な役割を果たすのは，公共投資と公共資本です。

Key Words
公共投資　価格規制　競争政策　マクロ経済政策　経済成長

1 公共投資

公共投資は，道路，港湾，ダム，原子力発電所，学校など，経済全体の生産性や生活の質の向上のために用いられる**公共資本**（**社会資本**とも言われます）を豊かにする事業です。公共資本は公共財の1つですので，最適水準は，前章で見た**費用便益分析**によって求められますが，耐久財的性格を考慮する必要があります。また，生産活動への影響等も考慮した分析が必要です。

1.1 公共投資の費用便益分析

以下では，まず，時間を明示的に考慮した分析について説明します。ここでは，耐用年数が N 年の公共資本への投資を行うべきかどうかという問題を考えてみます。その公共資本が完成後 t 年目にもたらす便益を B_t，費用を C_t で表すとします。建設時点で必要な費用 C_0 は建設のための**固定費用**で，それ以降は**維持管理費用** C_t が必要と考えられます。

便益や費用が長期間にわたって発生する場合，将来の金銭価値を現時点で

の価値で評価し直した上で足し合わせることが大切です。一般に，現在の10万円と1年後の10万円では，現在の10万円のほうが価値が高いと考えられます。いま10万円もらえば，それを利子率 r（たとえば0.1つまり10%）で銀行に預けると，1年後には $(1+r) \times$ 10万円を受け取れるからです。

逆に言えば，1年後の10万円の**現在価値**は，10万円 $/(1+r)$ と表現されます。その1年後の価値が，$(1+r) \times$ [10万円 $/(1+r)$] = 10万円になるからです。同じように2年後の10万円の現在価値は，10万円 $/(1+r)^2$ と表現されます。この金額を銀行に預ければ，2年後には $(1+r)^2 \times$ [10万円 $/(1+r)^2$]=10万円となるからです。この計算では，将来の金銭価値を割り引いて，現在の価値に評価し直しますので，**割引現在価値**とも呼ばれます。

いま，利子率は時間を通じて一定と仮定すれば，公共投資の将来にわたる費用 C の現在価値（PV：Present Value）は，次のように表せます。

$$PV_0(C) = C_0 + \frac{C_1}{1+r} + \frac{C_2}{(1+r)^2} + \frac{C_3}{(1+r)^3} + \cdots + \frac{C_N}{(1+r)^N}$$

公共投資の将来にわたる便益 B の現在価値 $PV_0(B)$ も同様に定義できます。**費用便益分析**では $PV_0(B) - PV_0(C) \geq 0$，つまり $PV_0(B)/PV_0(C) \geq 1$ ならば，公共投資を実施したほうが望ましいという判断を行うことになります。後者の判断指標は B/C（B by C と読む）と表記されることもあります。

公共投資の費用便益分析の基本的な考え方について説明してきましたが，上記の判断基準に関して，2点補足説明をしておきたいと思います。

まず，民間投資の費用便益分析では，一般に，便益と費用として，事業者が投資を通して直接得られる収入と支払うべき費用が想定されます。したがって，$PV_0(B) - PV_0(C) \geq 0$ ならば長期的に利潤が生まれることになるため，（利子率 r での資金調達が可能なら）上記の判断基準は妥当なものです。

しかし，公共投資では，次項で見るように，それが社会全体に及ぼす便益や費用まで考慮します。その場合，$PV_0(B) - PV_0(C) \geq 0$ が成立しても，公共投資の費用を賄うための収入が得られるわけではありません。もし，この判

断基準で公共投資を実施し続ければ，財政破綻に陥ることになるでしょう。

したがって，公共投資では，一般に，政府の予算の中で，考えられる公共投資のプロジェクトの純便益（$PV_0(B) - PV_0(C)$）の合計が最大になるように，公共投資のプロジェクトを選択することになります。公共投資の場合，$PV_0(B) - PV_0(C) \geq 0$ という条件は，プロジェクト実施のための**必要条件**ですが，**十分条件**ではないことに注意すべきです。

第2の注意点は，公共投資の実施後，当初想定していた便益や費用の大きな見直しが必要になった場合の判断です。費用便益分析の基本的な考え方は，残された期間における投資プロジェクトの純便益を再計算して，それが事業を停止した場合の純便益よりも小さくなるのであれば，潔く事業停止を選ぶべきだというものです。

すでに投資したお金がもったいないと感じられることは少なくないのですが，**サンク・コスト**（**埋没費用**）と呼ばれる「回収不能な費用」は，きっぱり諦めて，事業停止の判断をすべきです。継続すれば，損失が累積してしまうのですから。「もったいない」という気持ちが，合理的判断の邪魔になることは少なくありません。もちろん，そのようなもったいない事態が起きないように，当初の費用便益分析は，楽観的にではなく，慎重に行うべきですね。

たとえば，原子力発電所の建設と維持管理には，事故発生時の対応も含めて，さまざまな形で税が投入されますので，公共投資としての判断が求められます。原子力発電所を今後とも維持するか否かは，建設後に明らかになった事実も踏まえて，将来のリスクや新しく代替的な発電技術などを考慮しながら，将来の費用と便益の再計算をして判断する必要があります。

1.2 公共投資の費用と便益

次に，公共投資の費用と便益の具体的な中身について，考えてみましょう。前章では，公共財は，それを利用する消費者にのみ便益を与えると仮定しましたが，特に，公共資本の場合は，それが生産に与える影響や環境に与える

影響も考慮することが求められます。そこでは，**金銭的な費用・便益**のみならず，**非金銭的な費用・便益**まで考慮することになります。

まず，金銭的な費用・便益としては，事業に関連する収入や支出などがあります。また，公共資本は，生産要素の1つになると考えられますので，公共資本が寄与する付加価値の増加は，金銭的な便益と考えられます。

一方，非金銭的な便益と費用としては，消費者が感じる効用の変化や環境に与える影響などがあります。費用便益分析では，そのような非金銭的な費用と便益も，金銭価値に評価し直して分析することが必要になってきます。

非金銭的な費用や便益を金銭価値で評価する手法は，いろいろと開発されてきました。前章では，公園から消費者が得る効用の増加の金銭価値を，アンケート調査等を通じて推計する仮想市場評価法を紹介しました（**図表4－2**）。それ以外にも，ヘドニック・プライス法やトラベル・コスト法と呼ばれる手法を用いて，非金銭的な便益や費用の推計が行われてきました。

たとえば，路面電車がもたらす利便性の増加は，路線や駅の周辺の地価の上昇に現れると考えられます。一方，環境の悪化がもたらされる場合，地価が下落します。公共投資による地価の変化を推計することで，非金銭的な費用と便益を推計しようとするのが，**ヘドニック・プライス法**です。

一方，公園などに行くために人々が負担するトラベル・コスト（交通費や時間費用）を推計することで，公共施設等の価値を推計するという手法が，**トラベル・コスト法**として知られています。

これら2つの推計方法では，人々が実際にとった行動をもとに費用と便益を推計しますが，それが可能であるためには，基本的に（少なくとも類似の）公共プロジェクトが実施されていなければならないという問題があります。つまり，事後的な費用便益分析には適しているのですが，実施すべきか否かを判断するための費用便益分析では適用が難しいのです。

このような観点からは，アンケート調査等により，仮想的なプロジェクトに対する支払意志額を推計して便益を測定する**仮想市場評価法**（Contingent

Valuation Method：**CVM**）は注目に値します。事前の評価が得られるという点においてメリットが大きく，特に，政策分析や政策提案を行う調査・研究では，近年よく利用されるようになってきました。

しかし，問題は，人々がアンケートで正確な意思表明をするか否かに関する疑問が大きいことです。そのため，政策を実施する際の正式な根拠資料として用いられることはあまりありません。しかし，アメリカでは，石油タンカー事故がもたらした環境破壊への企業の賠償責任を問う裁判で，正式な資料として仮想市場評価法に基づく被害推計が用いられたこともあります。

ヘドニック・プライス法やトラベル・コスト法も，費用や便益の正確な評価は難しいため，政府が正式な根拠資料として用いることは多くありません。ただ，事後評価や事前評価のため調査や研究において，参考資料として用いられることは多く，今後ともそのような活用が期待されます。

2 競争政策と規制

公共資本のようなインフラを伴う事業には，一般に，市場の失敗の問題の1つである**規模の経済性**があるため，何らかの規制が必要になります。本節では，不完全競争の問題への対応も含めて，競争政策と規制のあり方について，考えていきましょう。

2.1 費用逓減産業と価格規制

公共資本を伴う事業では，一般に，大きな初期投資のための固定費用（C_0）が必要です。この場合，サービス供給が増加することで平均費用が逓減していくという費用逓減の特徴が表れます。たとえば，生産量を x としたときの総費用が $C(x) = C_0 + cx^2$ と表現できるとしましょう。C_0 が固定費用，cx^2 が生産に付随する可変費用で，生産量とともに級数的に増加すると仮定します。

生産が行われるときの平均費用は，$C(x)/x = C_0/x + cx$ と計算できます。ここで，生産量 x が増えると C_0/x は減少し cx は増加していきます。固定費用が大きいときには，前者のウェイトが大きくなり，生産の増加とともに平均費用は減少していきます。ただし，図表5-1のように，ある生産水準（x_+）に達すると後者の効果が上回り，平均費用は徐々に増加していくことになります。

平均費用が逓減する領域で，平均費用曲線が需要曲線と交わる場合，**費用逓減産業**と呼ばれます。平均費用が低下しているときには，追加で発生する費用（限界費用）は平均費用を下回っているはずです。さもなければ平均費用は上昇するはずだからです。したがって，平均費用が低下する領域では，限界費用曲線は，平均費用曲線の下に位置します。その結果，費用逓減産業では，需要曲線と限界費用曲線（供給曲線）が交わる効率的な生産量 x^* で，平均費用（生産1単位当たり費用）c^* が価格（生産1単位当たりの収入）p^* を上回り，赤字が発生するという問題が起こります。

さらにこのような状況では，独占が発生しやすいという問題が発生します。独占状態にあれば，企業は，独占価格 p^M で正の利潤（$p^M - c^M$）を得ることができます。ここで新規参入が起こり需要が分割されると，平均費用が上がって赤字になりますので，参入が難しくなり自然に独占状態が続くと考えられます。実は，生産の効率性の観点からも，費用逓減産業では，1つの企業が大量に低い費用で生産する**自然独占**が望ましくなります。

そこで，独占の弊害を回避しつつ，効率的な生産が行われるようにするた

図表5-1 ▶▶▶ **公共財の分類**

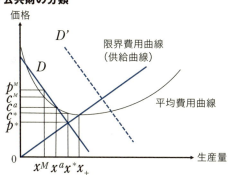

めに，政府による規制が期待されます。最適な生産量（x^*）を確保することを目的とするのであれば，**限界費用価格規制**を行い，価格を**図表５－１**の p^* に設定させることになります。しかし，この場合，赤字（c^*-p^*）が発生しますので，税金を投入して赤字を補塡しなければなりません。それを回避するためには，価格を c^a に設定し，赤字が発生しないという条件の下で最大の生産量 x^a を確保する**平均費用価格規制**を考えることができます。

日本では，一般に，この平均費用価格規制の１つである**公正報酬率規制**が行われます。これは，営業資産への公正報酬を原価に加えた総括原価を超えない水準に，規制価格を設定する方式で，**総括原価方式**とも呼ばれます。

この方式では，設備投資に対して公正報酬を保証することで，公共資本への投資を促すように配慮されています。しかし，そのために，価格規制下にある企業が利潤の拡大を追求する場合，過度の設備投資が行われる可能性があり，**アバーチ＝ジョンソン効果**と呼ばれています。

また，価格規制では，政府は費用について正確な情報を得られると想定されていますが，一般に，費用削減努力を行いたくない企業は，費用を高めに報告するインセンティブ（誘因）を持ちます。そこで，規制者は，企業に費用削減努力を促す**インセンティブ規制**を考案することになります。

たとえば，**ヤードスティック規制**は，自然独占企業を地域的に分割し，費用に関する情報を提示させ，それを物差し（yardstick）とすることで，各企業に費用削減の努力をさせる規制方式です。実際，日本でも，多くの費用逓減産業で，地域分割が行われ，ヤードスティック規制が行われています。

また，海外では，自然独占企業が供給する財の価格に対して上限（cap）のみが設定され，価格が費用とは独立に決められることで，企業が費用削減の努力を行い，利潤を高めるインセンティブを与える**プライス・キャップ規制**と呼ばれる価格規制が行われています。

2.2 競争促進政策と産業保護

第2章で見たように,独占の場合,生産量を少なくして,価格を高く設定することで利潤を高める行動がとられます。このとき,利益(生産者余剰)は増加しますが,消費者余剰は減少し,死重損失(非効率性)が発生します。

独占でない場合でも,生産者数が少ない寡占の場合には,生産者の戦略的行動の結果,市場均衡生産量よりも少ない生産が行われて,非効率性が発生しやすいことが知られています。そこで,政府は,独占禁止法や規制を通じて,競争促進政策をとっています。

競争促進政策では,伝統的には,産業内の企業数に注目した政策がとられてきました。しかし,近年のゲーム理論に基づく**産業組織論**の研究を通じて,生産者の数はそれほど重要ではなく,競争環境を整えるような政策が重要であることが明らかになり,競争促進政策も変化しつつあります。

たとえば,生産者の数が少ない場合でも,**価格競争**が起これば,完全競争と同様の効率性が実現する可能性が高くなります。たとえば,2企業間の競争でも,2社が同質的なら,顧客を獲得するための値引き競争の結果,最終的には,それ以上下げると赤字になってしまう水準まで価格が引き下げられると考えられます。この状態は,完全競争と同じような状態です。

さらに,産業内に1企業しか存在しない場合でも,**参入障壁**が低く新規参入が起こりやすいなら,その独占企業は高い価格をつけることができません。したがって,完全競争と同様の効率性が実現する可能性が高いと考えられます。つまり,競争政策上重要なのは,参入障壁が低く新規参入が起こりやすい**コンテスタブル市場**にすることだと考えられます。ここでも,企業数ではなく,競争環境を整えるような政策が重要であることがわかります。

政府は,このような競争促進政策をとる一方で,実は,企業が生み出す技術やアイディアに**特許**を与えたり,著作物に**著作権**を与えたりすることで,その独占的利用を認めることが少なくありません。たとえば,本,音楽,ソ

フトの著作権や，新薬や新技術の特許などです。

前章で見たように，技術や知識やアイディアは，非競合性が高いので，無料で誰でも使えるようにしたほうがよく，独占的利用を認めないほうが望ましいと考えられます。政府は，なぜ特許等で独占を保護するのでしょうか。それは，独占的利用を認めることで，技術開発の収益を確保できるようになりますので，民間事業者が，新技術を継続的に開発できると考えられるからです。

ただし，特許等による保護が強すぎると，非競合性という性質を十分に活かせなくなります。その一方で，保護が弱すぎると，技術開発からの収入を十分に得られずに，民間事業者は技術開発を行わなくなってしまいます。したがって，特許政策などでは，上記の2つの要因のバランスをとるように政策を設計することが重要になります。

3 マクロ経済政策

経済政策に期待される役割の1つは，経済活動の効率性を高めることですが，経済の安定性を高め，成長を促すことも期待されています。市場経済は，歴史的にも不安定な景気循環を見せてきました。景気の変動を安定化させる政策は，**マクロ経済政策**に期待されている役割です。

3.1　ケインジアンの理論

市場経済では，歴史的に，好況と不況が繰り返されてきました。特に，1920年代の世界的な好況の終焉とともに始まる1930年代の世界大不況は，非常に深刻な不況でした。アメリカでは，失業率が25％にも達し，その影響は世界に波及しました。経済の不安定性は，政治的不安定性も生み出し，1939年から始まる第2次世界大戦が起こる原因の1つになりました。

このような大不況に直面して，イギリスの経済学者ケインズ（J. Keynes：1883－1946）は，その後，マクロ経済学と呼ばれることになる理

論を構築し、不況から抜け出すための政策について議論をしました。以下では、まず、そのエッセンスを、簡単なモデルを用いて紹介します。

マクロ的（巨視的）に市場経済を見たとき、大きく分けて、財市場、貨幣市場、債券市場、労働市場、為替市場などが、重要な市場として考察の対象となってきました。中でも、財の総需要と総供給を決定する財市場の動きは、市場経済の不安定性と安定化政策の基本を理解する上で、特に重要です。

財市場では、総供給と総需要が一致すると考えます。簡単化のため、国内経済のみを考えると、総需要は、消費（C）、投資（I）、政府支出（G）の和として表現されます。総生産（Y）は最終的には国民の所得となります。消費はその所得の関数 $C(Y) = C_0 + c(Y - T)$ と書けるとします。ここで、C_0 は所得とは独立に行われる消費、c は所得 Y から税金 T を引いた後の所得（**可処分所得**）の中で消費に向けられる割合で、**限界消費性向**と呼ばれます。c は1よりも小さいと仮定できるでしょう。

投資と政府支出は、所得とは独立に決められると仮定すれば、財市場の均衡式は $Y = C(Y) + I + G$ と書けます。この等式を Y について解いてみると、$Y = [1/(1 - c)] \times (C_0 - cT + I + G)$ となります。ここで、$1/(1 - c)$ は**乗数**と呼ばれ、1より大きくなります。たとえば、$c = 0.8$ なら、乗数は5です。

この結果は、たとえば、民間における消費 C や投資 I の1単位の増加は、乗数倍（$c = 0.8$ なら5倍）の総生産の増加をもたらすことを意味しています。その一方で、消費 C や投資 I の減少は、乗数倍の総生産の減少をもたらすということでもあります。市場経済では、わずかな需要の変化が大きな景気の変化をもたらすというメカニズムが、この簡単な式の中に見られるのです。

では、なぜこのような大きな総生産の変化が生じるのでしょうか。それは、市場経済では、わずかな需要の変化が消費の連鎖的変化をもたらすからです。たとえば、企業が将来に悲観的になり、1兆円の投資の減少が生じたとします。その影響を、**図表5－2**を使って、限界消費性向 c が0.8のケースで説明してみます。

図表 5 − 2 ▶ ▶ ▶ 乗数効果の発生過程（$c=0.8$ のケース）

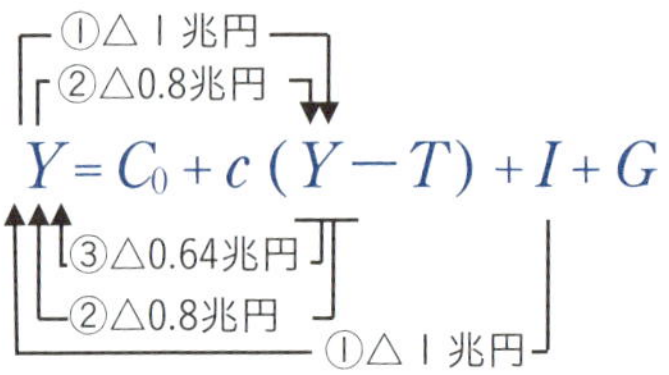

$$Y = C_0 + c(Y-T) + I + G$$

①△1兆円
②△0.8兆円
③△0.64兆円
②△0.8兆円
①△1兆円

　この需要の減少は，まず1兆円の生産の減少をもたらします（①）。その結果，所得が1兆円減少し，消費が0.8（$=c$）兆円減少します（②）。その結果，生産と所得が0.8兆円減少し，消費が0.64兆円（$=c×c$ 兆円）減少します（③）。これが，さらに生産，所得，消費の減少をもたらすという負の連鎖が起こります。最終的な生産減少効果は，次のような無限級数の和で計算されます。

$$1 + c + c^2 + c^3 + \ldots = \frac{1}{1-c}$$

　これが，乗数効果のメカニズムです。需要のわずかな変化は，**消費の連鎖的な変化**を通じて，総生産の大きな変化をもたらすのです。限界消費性向 c が大きいほど乗数効果は大きくなることも，直感的に理解できるでしょう。

　実は，このような乗数効果は，政府支出にも発生します。したがって，景気が悪くなった場合，比較的小さな政府支出の増加で，乗数倍の総生産の増加がもたらされます。特に，公共投資の増加は，短期的な景気安定化効果とともに，公共資本の蓄積を通じて長期的な成長にも良い効果があると考えられるため，これまでマクロ経済政策で積極的に用いられてきました。

　政府支出の増加のみならず，減税も景気拡大効果を持ちますが，たとえば1兆円減税は限界消費性向（c）を乗じた消費の増加が最初の効果ですので，1兆円の政府支出の増加よりも，景気拡大効果は小さくなります。

3.2 新しい古典派の理論

　ケインズ，およびその理論を継承した**ケインジアン**の議論は，市場経済の

不安定性を，そして，それを安定化させるための政策を明らかにしました。その議論は，市場にまかせていれば，神の見えざる手に導かれてうまくいくという**古典派経済学**の議論とは全く異なるものでした。

ところが，ケインジアンの理論に対して，その後，さまざまな批判や反論が行われるようになり，マクロ経済学の発展につながりました。特に，**新しい古典派**とも呼ばれるマネタリストや合理的期待学派の議論は，マクロ経済への政府の積極的介入の有効性に疑問を投げかけるものでした。

たとえば，1960年代に生まれた**マネタリスト**は，詳細な実証研究に基づいて，アメリカで大不況が発生した真の理由は，**貨幣供給量**が大きく減少してしまったことにあると主張しました。そして，政策を裁量的に変化させることは，かえって景気の不安定化をもたらす可能性が高く，景気を安定化させるためには，貨幣供給量を安定させることが重要という議論を行いました。

さらに，1970年代半ば以降発展してきた**合理的期待学派**は，人々が合理的なら，政策は極めて限定的な効果しか持たないだろうと主張しました。たとえば，乗数効果の背後にあるのは，人々の消費は所得の増減に大きく反応するという仮定です。しかし，合理的な個人は，長期的な予算制約を考えて消費を決めていると考えられます。したがって，政策による短期的な所得の変化が消費を大きく変化させて景気を良くすることはないと考えられるのです。

また労働市場，つまり**供給サイド**を明示的に考慮した場合，**予期されない政策**のみが，合理的期待に基づいて意思決定を行う個人の行動を変化させ，景気に影響を与えられると考えられます。その効果は極めて一時的と考えられますので，政府の積極的介入の効果に疑問が投げかけられました。

実際，多くの国で，乗数効果は低下してきたことが明らかになっています。新しい古典派の議論は，その原因の究明に貢献してきました。そして，議論の中で明らかになってきたことの1つは，総需要だけでなく生産面（**サプライ・サイド**）にも注目して政策を考えることの重要性でした。次節では，その生産面に注目して，経済政策のあり方を考えていきます。

4 経済成長と地域政策

生産面での効率性を高めるという観点から，経済成長のため政策と地域政策について，議論を整理しておきたいと思います。

4.1 経済成長

経済成長を促すことは，多くの国で重要な経済政策となっています。一般に，成長率を規定しているのは供給面，つまり生産能力であると考えられています。t 年の生産能力は，生産関数 $Y_t = F(N_t, K_t)$ によって表現されます。ここで，Y_t は生産量，N_t は労働量，K_t は資本量を表しています。

このような生産関数を想定すると，成長率は次のように分解されます。

$$経済成長率 = 労働量の成長率 + 資本量の成長率 + TFP 成長率$$

ここで，**TFP**（Total Factor Productivity）は**全要素生産性**と呼ばれ，その成長率は，①技術進歩の成長率，②労働の生産性の成長率，③資本の生産性の成長率を足し合わせたものです。成長率を分解した**成長会計**を分析することで，経済成長について，わかりやすく整理し，議論することができます。

たとえば，日本では，1995 年以降，**生産年齢人口**（15 歳から 64 歳までの人口）が減少し続けています。労働参加率に変化がなければ，労働量の成長率はマイナスが続き，経済成長を低下させる大きな圧力になります。経済成長を安定的に維持するために，どのような政策を実施することが望ましいかを考える上で，**図表 5 − 3** のような成長会計は参考になります。今後の政策に関する議論を行う際に，重要な資料として政策決定の現場でも用いられます。

また，生産関数をもとに，ダイナミックな**経済成長モデル**を構築して，望ましい成長政策のあり方を分析した研究が数多くあります。そのような研究

図表 5-3 ▶ ▶ ▶ 成長会計の例

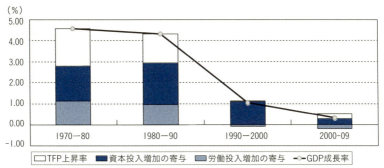

出所:厚生労働省 [2013, 第 2 章] 第 2-(I)-2 図。

の中で、特に重要と考えられる結果の1つは、市場経済に任せておいても、**最適成長**は実現しないだろうという結果です。

　成長率は高ければ、高いほどよいわけではなく、人々の長期的な効用を最大にするような成長率を見つけることが大切です。長期的な定常状態での消費を最大にする成長率は**黄金律**（ゴールデン・ルール）と呼ばれ、その実現のためには、適切な政策を実施することが必要との結論が得られています。

4.2　地域政策

　経済成長と政策の関係を考える際に、都市と地方（都市以外の地域）の間の**人口移動**が、重要になる場合が少なくありません。

　多くの国で、急速な経済成長は、都市で起こります。都市には労働と資本が集まり、成長会計が示唆するように高い成長が生み出されます。そして、高い成長を遂げ高い賃金を提供できる都市には、地方から労働が流入し、都市がさらに高い成長を続けるという循環が生まれます。しかし、その過程で、地方では人口が流出し、過疎化が進行し、産業が衰退しやすくなります。

　経済成長の観点からは、人々が分散しているより、都市に集中しているほうが、たとえば、アイディアの**集積**として生まれる技術進歩等にも良い効果があると考えられます。しかし、都市への人口集中にはデメリットもあります。

まず、地域の**過密化**と**過疎化**は、いずれも、生活環境の悪化要因を持っています。また、国土の効率的利用という観点からも問題があります。さらに、都市では一般に出生率が低く、都市への人口集中は、労働人口の成長を低下させ、成長率に対してマイナスの影響を与えると考えられます。

人口移動は、さまざまな外部性を保つため、市場に任せていても、効率的な人口配分が実現しないことは、よく知られています。したがって、国内の人口分布の最適化を目指す政策は、全国的な人口移動に影響を与えられる中央政府の重要な経済政策の1つと考えられます。

日本では、戦後の高度成長の中で、3大都市圏（首都圏・中京圏・近畿圏）の過密化と地方の過疎化が問題となりました。1970年代以降、「国土の均衡ある発展」という政策目標の下で、**地域政策**として、地方への公共投資が積極的に行われました。地方での雇用創出を通じて、人々に地方に留まってもらうとともに、公共資本の充実により、生産面でも生活面でも豊かな環境が整い、長期的にも人々が地方に留まる要因になるだろうと考えられました。

しかし、必要性や生産性の低い公共資本の整備（公共投資）も行われました。その結果、地方から都市への人口移動が続いているばかりでなく、公共資本整備のための公的債務が累積し、公共資本の維持管理や更新に、地方政府が苦しむといった問題も生まれています。

ただし、地方での公共資本整備により、地方の**中核都市**の都市としての魅力は高まっています。今後、人口が減少していくなかで、地方の小規模都市を中心として、生活圏をコンパクトにしていくという**コンパクト・シティ（コンパクト化）** の考え方が、限られた財源の中で、生産面・生活面で豊かな環境を生み出すために重要と考えられています。

人口移動がどのような要因によって起こるのかを分析した上で、持続可能な地域政策を立案・実施していくことが、求められています。

Working　　　　　　　　　　　　　　　　　　　　　調べてみよう

1. 日本の公共資本整備の代表例として「整備新幹線」がある。その整備の歴史や仕組みについて，調べてみよう。
2. 総務省では，毎年「過疎対策の現況」についてのレポートを公表している。最新版を読み，日本の過疎地の状況を調べてみよう。
3. 電気料金に対する価格規制の仕組みについて，調べてみよう。

Check　　　　　　　　　　　　　　　　　　　　　　説明してみよう

1. 今年100万円投資すると，来年105万円の収入が得られる投資がある。費用便益分析に基づくと，利子率が10%の場合，投資すべきか。
2. 本章のモデルでは，1兆円の公共支出の増加を1兆円の増税によって賄い，「均衡予算」を維持した場合でも，総生産を1兆円増加させられること（「均衡予算乗数は1である」という結果）を説明してみよう。
3. 「市場経済において民間ができることは，民間にまかせたほうがよい」という主張は，経済学的に言えば正しくないことを説明してみよう。
4.* 図表5-1のように，平均費用は，それが最低となる生産水準（x_+）で，限界費用と一致する。その理由を，本章での説明をもとに説明してみよう。

Discussion　　　　　　　　　　　　　　　　　　　　議論しよう

日本では，若者が減少し続けている。公債の着実な返済のためにも，経済成長を維持する必要があるが，どのような経済政策が有効だろうか。

第6章 社会保障制度

Learning Points
▶伝統的には，私たちはさまざまなリスクに自助や共助の形で備えてきました。
▶社会保障制度が導入され，社会は大きく変容を遂げることになりました。
▶年金，医療保険，介護保険，生活保護の基本的な仕組みを説明します。

Key Words
リスク　自助　共助　公助　社会保障　市場の失敗

1　社会保障制度の概観

　私たちは，生活の中でさまざまなリスクに直面しています。伝統的には，**自助**や**共助**の形で備えてきましたが，近代国家では，**社会保障制度**が導入され，私たちの社会は大きな変容を遂げることになりました。

1.1　生活の中のリスクと自助・共助

　私たちは日々の生活の中で，多様なリスクにさらされています。病気になるリスク，事故にあうリスク，仕事を失うリスク，所得がなくなるリスク，介護が必要になるリスクなど，さまざまなリスクが存在しています。**リスク**とは，損失が生じる可能性のある不確実性と定義できます。
　経済学では，ほとんどの人は，安定を好み，リスクを避けたいと考える**リスク回避的**傾向を持つことが知られています。そのようなリスクへの備えとして，保険を購入できれば安心です。**保険**とは，損失が発生したとき，それ

を補うような対応（通常は金銭の支払い）を受けられる仕組みです。

実際，市場では，傷害保険，生命保険，損害保険，火災保険など，たくさんの保険が販売されています。しかし，保険商品が提供されていないリスクも数多くあります。あるいは，提供されていたとしても，非常に高価で，購入できる人が極めて限られるような保険もあります。

たとえば，私たちは，高齢になると働けなくなり，生活に必要な所得がなくなってしまう不安を抱えています。生きている間ずっと所得を得られる年金は，その不安を緩和してくれる保険です。しかし，市場では一般に販売されていません。また，失業したときに所得を保障してくれる保険も，一般には存在しません。病気になったとき，一定の所得を保障してくれる保険はありますが，治療に必要な費用を賄ってくれる真の保険とは言い難いものです。

市場経済の発達で，近年，数多くの保険商品が市場で提供されるようになってきましたが，かつてはそのような保険商品も一般には存在していませんでした。そのような状況で，人々はどのようにリスクに備えてきたのでしょうか。**図表6－1**は，リスクへの人々の備えを概念的に整理したものです。

伝統的には，人々は，自ら備えること，そして，家族やコミュニティでの**相互扶助**を通じて備えることで対応してきました。前者は**自助**，後者は**共助**と呼ばれています。たとえば，保険を購入することは自助の代表例ですが，保険を購入できない場合でも，**貯蓄**を行うことは，リスクへの一定の備えとなります。また，高い教育を受けることで，職業選択の幅を広げることは，

図表6－1 ▶▶▶ **リスクへの備え**

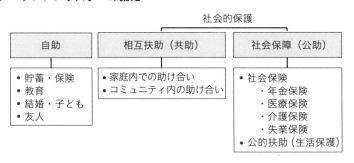

失業のリスクに対して自ら行える備えにもなりますね。

しかし、貯蓄も教育も、大きなリスクへの備えとしては不十分です。自分だけでできる備えには限界があります。保険商品と同じように、誰か他の人とリスクを共有（**リスク・シェアリング**）することで、1人ではできない対応が可能になります。たとえば、よい友だちを持つこと、信頼できる人と結婚すること、そして子どもを持つこと。これらはいずれも、市場で保険を購入できない人々が、日々の生活の中で持つことができる「保険」でした。

たとえば、よい友人は、困ったときにさまざまな支援の手を差し伸べてくれます。しかし、それ以上に、リスクへの備えとして重要なのが、家族を持つことです。友人関係とは異なり、婚姻関係や親子関係は、ほとんどの社会で、契約の上に成り立っていて、関係を簡単に解消できないようになっています。その結果、相互扶助が行われやすい環境が整っています。また、日本のように、家族間の**扶養義務**が法律で規定されている国も少なくありません。

個人にとって、よい友人や家族を持つことは、リスクに対して自ら備える行為ですが、それが可能になるのは、お互いに助け合うという**相互扶助**の関係が存在しているからですね。このような家族内あるいはコミュニティ内での相互扶助は、一般に**共助**と呼ばれる仕組みとして整理されます。

人類は、その長い歴史の中で、自助や共助によって、さまざまなリスクに備えてきました。しかし、市場経済が発達し、近代的な国家が成立すると、人々の流動性が高まり、家族やコミュニティが弱体化しました。さらに、科学技術の発達により、大量殺戮兵器による世界規模の戦争が行われ、多くの若者が戦争の犠牲になりました。その結果、若者が自分の親を扶養するという家族内の相互扶助が機能しなくなるという問題も起こりました。

その結果、第1章で見たように、19世紀の後半から、ヨーロッパの国々で政府が人々の生活保障を行う社会保障の仕組みが少しずつ生まれてきました。現代社会では、多くの国で、保険料を主な財源として運営される**社会保険**と税を財源とする**公的扶助**によって構成される社会保障制度（公助）が、

リスクに対する人々の対応の中で，重要な役割を果たすこととなりました。

1.2 情報の非対称性と社会保障制度

市場経済で，社会保障制度が登場することになる根源的な理由は，生活を保障するための保険が市場で提供されないことにあります。伝統的には，そのような「市場の失敗」の問題に，人々は家族やコミュニティでの相互扶助で対応してきました。しかし，家族やコミュニティの弱体化に伴い，政府が，保険市場の欠如という問題に対応することになったのです。

そこで，社会保障制度のあり方についての議論を行うために，保険市場が欠如してしまう要因を明らかにするとともに，政府がその要因をどのように解消しているのかについて理解することから始めたいと思います。

保険市場が欠如してしまう最大の「市場の失敗」の問題は，**情報の非対称性**の問題にあると考えられます。保険市場における情報の非対称性の問題とは，保険会社が，被保険者のリスクや行動についての十分な情報を得ることができないという問題です。被保険者のリスクに関する情報が不足する場合は**逆選択問題**が，行動に関する情報が不足する場合は**モラル・ハザード問題**が起こり，市場の欠如につながってしまいます。

まず，逆選択の問題を簡単な例で説明しましょう。問題は，リスクが人によって異なり，保険会社は個人のリスクを知ることが難しいことにあります。

60歳の人が100歳まで生きる確率 p が個人によって異なり，その確率およびその確率を持つ人口が**図表6－2**のようになっているとします。個人は自分の生存確率を知っており，生きている限り，保険会社が60歳から100歳ま

図表6－2 ▶▶▶ 逆選択の問題

100歳まで生きる確率 p	0	0.25	0.5	0.75	1
人口	1	1	1	1	1
最大保険料 q（億円）	0	0.26	0.51	0.76	1

で毎年250万円払ってくれるなら，表中の最大保険料 q を60歳までに支払ってもよいと考えているとします（簡単化のため利子率は0％と仮定）。

たとえば，60歳から100歳まで40年間生きた場合，年金の給付額は1億円になりますが，その確率が0.25（25％）の人が受け取れる給付総額の期待値は2,500万円です。確率が0.25の人は，そのような保険があれば安心ですので，若いときに2,600万円までなら払ってもよいと考えているというのが**図表6-1**が示していることです。個人ごとに生存確率がわかっていれば，各契約から100万円の期待利益が生まれますので，問題なく契約が成立します。

個人ごとの確率がわからない場合，平均確率で保険料を設定すると考えられます。平均確率は0.5ですので，保険料は0.5億円以上に設定されるでしょう。ところが，保険料が0.5億円の場合に，それを安いと思って保険を購入するのは，確率が0.5より高い人だけです。保険会社の期待とは逆にリスクの高い人が保険購入を選ぶことは，**逆選択問題**と呼ばれる問題です。

逆選択が起こると，最初に設定した平均保険料では収支が合わなくなります。0.5億円の保険料で保険を購入したいと考えるのは，確率0.5以上の人たちですので，平均確率は0.75（=0.5×(1/3) + 0.75×(1/3) +1×(1/3)）となり，0.75億円という保険料を保険会社は設定するでしょう。しかし，その場合，確率0.5の人は保険に魅力を感じなくなり，市場から退出します。

この結果，市場には0.75および1の確率を持つ人だけが残りますので，平均確率は0.875にまで悪化します。保険料は0.875億円以上でなければならないのですが，この保険料では確率1の人だけが購入したいと考えます。したがって，最終的には確率1の人に対して1億円の保険料が課されることになりますが，これはもはや保険とは呼べないでしょう。

保険市場が成立しないという問題は，逆選択によって起こりますので，強制加入とすることで解決できます。つまり，**公的保険**では，全員加入とすることで，保険が成立していると考えられます。しかし，そのような公的保険の保険料は，生存確率が低い人にとっては高すぎますので，退出したくなり

ますが、それを認めると、再び逆選択の問題に直面することになります。したがって、保険への未加入を認めるべきではないのですが、日本では、年金保険でも、医療保険でも、それが容認されてしまい、問題となっています。

次に、モラル・ハザード問題について考えてみます。たとえば、失業したときに所得保障を行う失業保険が、市場で提供されたとします。このとき、十分な所得保障が行われるなら、失業を回避する努力を労働者が怠り、保険給付を受けようとするかもしれません。このような行動は、道徳的にみて好ましくない行動ですので、**モラル・ハザード行動**と呼ばれています。

この問題は、保険が存在することで、損失を回避する努力が低下するために起こると考えられるのですが、実は、保険会社が被保険者の行動を正確に把握できないために起こると考えることもできます。それが可能なら、モラル・ハザード行動があった場合には給付しないという契約を結べるからです。

言うまでもなく、モラル・ハザード行動は、保険会社には好ましいものではなく、それが深刻な場合、保険は提供されないことになるでしょう。失業保険が市場で提供されない理由の1つは、このモラル・ハザード行動にあると考えられます。この問題は、公的な失業保険でも発生します。

公的な**失業保険**（現在の**雇用保険**）が創設されて以来、失業保険の給付を受けることが魅力的とならないように、政府は、給付水準や期間の見直しを行ってきました。そして、政府が持つ強い権限により、人々の行動に関する情報を取得しやすいことが、民間が提供できない保険を政府が提供できる理由の1つとなっています。しかし、政府の情報取得能力にも限度があります。社会保険の下で、さまざまなモラル・ハザード問題が残ると考えられます。

特に、社会保障制度の充実は、人々が自助や共助を通じてリスクに備える努力を低下させるというモラル・ハザード問題を生むことを、よく理解しておくことは重要です。たとえば、個人貯蓄の減少、まじめに勉強する努力の低下、婚姻率や出生率の低下、子どもへの教育投資の低下、人付き合いの低下といった現象は、政府が社会保障制度を充実させた結果、合理的な個人が

とったモラル・ハザード行動と考えることもできます。このような**派生効果**の存在を意識して，制度や政策を設計することが重要です。

社会保障の充実により，私たちはさまざまな不安から解放され，**自由**を得ました。しかし，社会保障は完全ではありません。しっかり自分を磨き，信頼できる友達や家族を作り，仲良くすることは，人生のリスクを減らし，さらなる自由を私たちに与えてくれるでしょう。社会保障制度の持続可能性に疑問が存在する今，これからを生きる若い人たちに伝えたいことです。

2 年金制度

日本では，1961年に**皆年金**が確立し，すべての個人が公的年金に加入することになりました。その後，制度の見直しが何度も行われ，現在もなお，定期的に制度改正や制度改革が行われています。本節では，年金制度の仕組みや改革を理解する上で有用な知識を身につけておきましょう。

2.1 年金制度の基礎知識

老後の生活保障のために最も望ましい年金は，生きている間ずっと給付を受けられる年金保険です。そのような年金は**終身年金**とも呼ばれます。一方，老後の一定期間だけ給付が行われる年金は**定期年金**と呼ばれます。

年金の給付を行うための財源が，個人が積み立てた年金保険料によるものであれば，**積立方式**と呼ばれます。一方，若者が拠出する保険料が，そのまま高齢者への給付に使われるのであれば，**賦課方式**と呼ばれます。積立方式では，将来の年金給付を賄える積立金が存在することになりますが，賦課方式の場合には，そのような積立金は全く存在しません。実際には，多くの国で，一定の積立金はあるけれど将来の給付に必要な積立金は完全にはない**修正積立方式**を採用しています。日本の場合も，修正積立方式ですが，積立金は将来の給付と比べるとわずかで，実質的には賦課方式となっています。

図表 6 − 3 ▶ ▶ ▶ 日本の年金制度

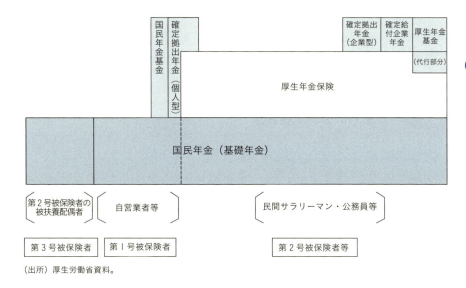

(出所) 厚生労働省資料。

　また，年金の拠出（保険料）と給付の間には予算制約がありますが，それは収益率の変動の影響を受けます。その結果，将来受け取る給付額を確定させるためには，拠出金を変動させる必要があります。一方，拠出金を確定してしまうと，将来受け取る給付額が変動することになります。前者は，**確定給付方式**，後者は**確定拠出方式**と呼ばれます。

　日本の年金制度は，その複雑な成立過程を反映して，複雑な仕組みになっています。加入者は，第1号，第2号，第3号という3つの被保険者のグループに分けられます。**第2号被保険者**は給与所得者，**第3号被保険者**は第2号被保険者の扶養配偶者，**第1号被保険者**はこれら以外の自営業者などです。

　日本の年金制度は，理論的に言えば3階建てになっています（図表6−3）。定額給付を行う1階部分は，国民全員が加入する**国民年金**（**基礎年金**）です。所得比例的な給付を行う2階部分として，第2号被保険者のための**厚生年金**があります。従来，会社員が加入する**厚生年金**と公務員等が加入する**共済年金**に分かれていましたが，2015年に一元化されました。

任意加入の特徴を持つ3階部分は，第1号被保険者と第2号被保険者に加入の機会が与えられている上乗せ年金部分です。3階部分は，税制上の優遇措置があるため，公的年金の一部とみなされることが多いのですが，この部分を除いて，日本の公的年金は2階建てと説明されることもあります。

2.2 望ましい公的年金制度

年金制度は，私たちの行動に影響を与え，経済全体に影響を与えます。その影響を考えて，望ましい年金制度を構築することが大切です。経済への影響を考える際には，それが，資本蓄積と労働供給に与える影響が重要です。

まず，資本蓄積に与える影響は，積立方式と賦課方式で全く異なります。年金の拡大（拠出と給付の増加）は，人々が老後のために備えていた貯蓄を減らします。完全な積立方式の場合，拠出金は将来の給付に備えて貯蓄されますので，経済全体の貯蓄は変化しないと考えられます。

一方，賦課方式の場合には，拠出金は積み立てられませんので，経済全体の貯蓄が減少すると考えられます。したがって，日本のように基本的に賦課方式をとっている場合には，年金の拡大は，資本蓄積に対してマイナスの影響があると考えられます。

次に，年金の拡大が，労働供給に与える影響は，拠出と給付の関係に関する認識に依存するため，複雑になります。積立方式の場合，基本的に，年金への拠出は貯蓄と同じと考えられますので，労働供給にも大きな影響を与えないと考えられます。一方，賦課方式の場合，拠出と給付の間に直接的な関係はないので，たとえば，所得比例的な年金保険料の引き上げは，労働所得税が労働供給に与える影響と同様の影響を持つと考えられます。

一方，年金給付の増加が高齢者の労働供給に与える影響は，給付が不労所得の性格を持ちますので，高齢者の労働供給を減少させる効果を持つことになります。特に，年金給付が，退職を条件として開始されるのであれば，早期退職を誘発してしまう可能性が高まります。

また，年金受給者の労働所得と年金所得の合計額が一定限度を超えると受け取る年金が減額される**在職老齢年金制度**のような仕組みは，年金給付を抑制する仕組みとしては合理的です。しかし，労働所得の増加による年金所得の減額は，労働所得税の増税と同じ効果を持つことに注意すべきです。

なお，第3号被保険者は，年金保険料を負担することなく，基礎年金の給付を受けられます。第2号被保険者である配偶者が加入する年金の加入者が全員で，第3号被保険者の保険料を負担しています。労働時間を抑制して所得を一定水準に抑えれば，第3号被保険者として認められ，保険料を支払わずにすむため，特に既婚女性の労働供給を強く抑制する効果を持っています。

今世紀の半ばには，**高齢化率**（65歳以上の高齢者が人口に占める割合）は約40％に達すると予測されています。このような高齢化の急速な進展に伴い，賦課方式を基本とする日本の年金制度は，その持続可能性に大きな疑問が持たれています。そのため，2004年に行われた大きな年金改革で，**マクロ経済スライド方式**と呼ばれる給付抑制の仕組みが導入されました。

それと同時に，2017年までは保険料を引き上げ，それ以降は年金保険料を固定するという**確定拠出方式**への移行が示されました。また，現在，存在している年金積立金も約100年かけて使い切ることになり，完全な賦課方式に移行するという方向性も示されました。

今後は，給付が変動していくことになりますが，厚生年金の**所得代替率**（モデル世帯の年金月額の現役世代の平均月収に対する割合）が50％を下回る場合には，改革を見直すこととされています。今後とも，年金制度の改革や改正は続けられていくことになるでしょう。年金制度が，経済に与える影響を十分考慮した上で，望ましい年金制度を構築していくことが重要です。

3 医療・介護制度

日本では，1961年に**皆保険**も実現し，すべての個人が公的医療保険に加

入することになりました。2000年には，介護保険も導入され，医療・介護の両面で，保険とサービスの充実が図られてきました。本節では，それぞれの制度の仕組みや改革を理解する上で有用な知識を身につけましょう。

3.1　医療保険と医療サービス

　医療制度を理解する上で，まずは，医療保険と医療サービスを分けて，理解することが有用です。医療保険は私的財の性格が強いものですが，第1節で示したように，情報の非対称性の問題が大きく，公的に供給されています。

　日本では，国民は，公的年金制度と同様，職業によって異なる医療保険に加入します。民間の給与所得者の場合，雇用者が運営あるいは参加する**組合健康保険**に加入するか，雇用者が中小企業の場合，**協会けんぽ**（全国健康保険協会管掌健康保険）に加入することになります。公務員等の場合，**共済組合**に加入します。いずれの場合も，被雇用者だけでなく，被扶養家族も加入し，家族の分は扶養者が加入する医療保険全体で負担することになります。

　自営業者や退職者など，上記の医療保険に加入しない人は，**国民健康保険**に加入します。一般に，高齢になるほど医療費が増えますので，高齢者の加入割合が大きい国民健康保険には，かなりの税財源が**公費負担**として投入されています。また，75歳以上の高齢者の場合，特に医療費が大きいため，税財源の投入割合が大きい**後期高齢者医療制度**に加入することになります。

　これらの保険には，比較的若い給与所得者が多く医療費が低い組合健康保険などからも，退職者や高齢者の分の負担という名目で拠出が行われています。しかし，急速な高齢化により，特に国民健康保険と後期高齢者医療制度では，保険財政の悪化が続いています。そのような状況も踏まえ，これまで基礎自治体が運営してきた国民健康保険も，後期高齢者医療制度と同様，都道府県が広域的に運営することになっています。

　一方，医療サービスに関しては，感染症の治療を除けば，私的財の性格が強いため，基本的に市場で自由に供給されてもよいと考えられます。しかし

ながら，医療サービス利用への保険金支払いが公的医療保険によって行われますので，政府は，保険者として，医療サービスに強く関与していると考えられます。特に，診療報酬は完全に政府によって規制されています。

また，医療サービスは，患者と高い専門知識を持つ医師の間では，大きな情報の非対称性が存在しており，市場の失敗の問題も抱えています。さらに，基本的人権の保障とも深く関わるサービスであり，さまざまな規制や政府が作る**医療計画**によって影響を受けています。

医療サービスを実際に提供する病院に関しては，非営利でなければならないという**非営利制約**はあるものの，病院の多くは民間病院です。また，医療法では，地方自治体が地域の医療水準の向上にも取り組むべきことが明記されており，**公立病院**を運営している地方政府も少なくありません。

医療サービスを受ける際には，私たちは，通常，窓口で医療費の3割を負担します。**自己負担**がないと，病気にならないようにする努力を怠ったり，病院や薬を安易に利用する行動が取られたりすると考えられます。3割負担はモラル・ハザード行動を抑制する仕組みと考えられます。なお，70歳以上の高齢者には，自己負担の軽減措置がとられています。

病気によっては，毎月，非常に大きな医療費が発生し，自己負担も高額になることがあります。そこで，求められる自己負担が一定額を越える場合には，それ以上の負担を免除する**高額療養費制度**があります。公平性の観点からは正当化できる制度ですが，自己負担が無料になると，モラル・ハザード問題が起こり，過剰な医療資源の投入が行われる可能性があります。

医療の場合，医師と患者の間の情報の非対称性が大きく，豊富な情報を持つ医師が勧める治療や検査を，患者は拒否しにくくなります。そこで，医師が，病院経営の安定化等のために，過剰な医療サービスを提供する**医師誘発需要**の問題が起こる可能性があります。自己負担がゼロとなる高額療養費制度や生活保護制度の下では，そのような問題が特に起こりやすくなります。

3.2　介護保険と介護サービス

　介護保険は，介護を必要とする高齢者が病院で長期間介護を受けるという**社会的入院**が問題となり，医療と介護を分ける形で 2000 年に導入されました。介護保険と介護サービスの仕組みは，医療の場合と似ています。介護保険も，情報の非対称性の問題が，公的供給を正当化する根拠となります。

　介護保険は基礎自治体が運営し，40 歳以上のすべての国民が，居住する基礎自治体の介護保険に加入します。**第 1 号被保険者**と呼ばれる 65 歳以上の高齢者の場合は，基礎自治体に保険料を納めますが，**第 2 号被保険者**と呼ばれる 40 歳から 64 歳の加入者の保険料は，全国的にプールされて，基礎自治体の加入者の年齢構成等を踏まえて，基礎自治体に配分されます。

　介護保険の財源は，支出の半分が税によって賄われ，残りの半分が上記のような形で納められる介護保険料で賄われます。介護保険の保険料に関しては，保険収支が合うように，3 年に 1 回保険料を見直さなければならない仕組みとなっているため，赤字が累積しない構造になっています。

　介護保険を使って介護サービスを受けるためには，要介護認定を受ける必要があります。認定調査により，**要介護度**が決められ，要介護度に応じて，介護保険からの支払いの上限が決められます。介護が必要と判断されなかった場合でも，何らかの支援が必要と判断されたら，**要支援度**に応じて，介護保険を使って利用できる予防のためのサービスの上限が決められます。その限度内であれば，自己負担は所得に応じて，1 割または 2 割です。その上限を超えたサービス利用に関しては，全額個人負担となります。

　保険料は，自治体によって異なり，介護保険からの支出が多い自治体ほど，保険料が高くなります。介護保険は全国的な仕組みであるにもかかわらず，自治体間で保険料負担が大きく異なることは，公平性の観点から疑問が残ります。しかし，この仕組みは，自治体が介護サービスの過剰な供給を抑制する仕組みとして有効と考えられています。というのも，介護サービスの利用量は，基礎自治体がある程度決めることができるからです。たとえば，

自治体が，介護予防に積極的に取り組んだり，在宅介護を促して介護サービスの利用を抑制する努力が行われたりすることが期待されています。

しかし，このような自治体単位で介護サービス供給を決めるという仕組みには，デメリットもあります。たとえば，要介護度が高い人を受け入れる施設として，**特別養護老人ホーム**（特養）への需要は非常に高いのですが，自治体にとって，その建設・運営の費用は非常に大きいため，供給は限られており，膨大な超過需要（待ち行列）が存在しています。特に，地価が高い都市部の自治体では，その整備が難しい状況にあります。

地価も人件費も低い地方で整備するほうが効率的と考えられますが，介護サービス利用を抑制したい基礎自治体は，整備を行うことに躊躇します。介護保険の支出を抑制するという観点からは有効とも言えますが，その代償として介護を必要とする人や家族に大きな負担が求められています。

地域包括ケアシステムは，要介護者が自宅に住みながら，地域に根ざした支援・サービスを受けられるシステムです。その構築は，基礎自治体が中心となりますが，それが閉鎖的なサービス供給あるいは家族に過度の負担がかかる仕組みとなってしまっては，全国の地域資源の有効活用という観点から問題があります。高齢化が急速に進展するなかでは，財源確保の仕組みを見直し，効率的なサービス供給を全国規模で考えることも重要でしょう。

4 生活保護制度

生活保護制度は，社会保険では対応できない貧困の問題を，税を用いて改善することを目的とした制度です。高齢化の急速な進展とともに，生活保護受給者および歳出は増え続けています。

4.1 生活保護制度の基礎知識

1950年に制定された現在の日本の生活保護制度は，**最低生活の原理**に基

づき，人々の生活が破綻した後に，**最低生活水準**を保障するために政府が援助するという**救貧**の考え方が基本にあります。そして，**補足性の原理**に基づいて，資産，稼働能力，家族や親類の援助，他の公的援助制度などを活用しても最低生活水準を維持できない場合にはじめて，生活保護を受けることができます。したがって，受給審査の過程では，**資力調査（ミーンズ・テスト）**を受ける必要があります。

　日本の生活保護制度では，保障される最低生活水準がかなり高く設定されています。たとえば，高齢者の場合，住宅扶助等も含めると，国民年金で受け取れる額より高い給付を受け取ることができる場合が少なくありません。また，医療費や光熱水費なども無料になります。低所得者の中には，年金保険料を支払い続けるより，未納・未加入の状態を続けて，最後は生活保護にお世話になるほうがよいと考える人たちが出てきても不思議ではありません（第 10 章**図表 10 − 2** も参照）。

　生活保護の受給者としては，高齢者が最も多く，高齢化の深化により，今後とも生活保護を受ける高齢者は増えていくことが予想されます。それに伴い，税を財源とする**生活保護費**も増え続けていくことが予想されます。

4.2　生活保護制度と経済行動

　生活保護制度は，基本的人権を保障するために必要な制度ですが，それが人々の行動に与える影響を十分考慮した上で，効率的に人権保障を行う仕組みを考えることが重要です。

　特に，それが労働供給に与える影響は重要です。一般に，生活保護制度では，所得が最低生活水準に達しない場合，その不足分を給付する仕組みとなっています。言いかえると，どんなに働いて所得が増えても，給付が減額されるだけで，総所得は上昇しません。これは，労働所得に 100％ の税が課されているのと同じ効果を持ちます。その結果，生活保護制度の下では，働くインセンティブが存在しないことになります。

この問題を緩和するために，現在は，勤労所得の一部が生活保護受給者の手元に残る仕組みが導入されています。しかし，手元に残るお金は勤労所得の15％ほどで，約85％の労働所得税が課されているのと同じという状況です。生活保護制度が，受給者の労働意欲を削ぐ効果は，今なお大きいと考えられます。

　生活保護制度では，稼働能力がある人は，受給しにくいのですが，一定の条件の下で，就労しながら生活保護を受けることは可能です。高齢者であっても，就労可能な受給者は少なくないと考えられます。就労を促進するような生活保護の仕組みを考えることは，今後とも重要な課題と考えられます。

　また，生活保護制度が他の社会保険に与える影響も重要です。寛容な生活保護制度の存在が，公的年金への**未納・未加入**というモラル・ハザード行動を生むことについてはすでに指摘しました。医療保険との関連では，生活保護の受給者の自己負担はゼロであることが，医療サービスの過剰利用というモラル・ハザード行動を生んでいることも知られています。

　生活保護制度の存在により，私たちはいつでも最低限度の生活を営むことができますので，それは最後の保険と考えることができます。それが，自助や共助の努力を低下させるのみならず，社会保険への加入も低下させてしまうというモラル・ハザード行動を生み出しています。それが寛容すぎると，受給者が貧困からなかなか抜け出せないという**貧困の罠**に陥ってしまいます。

　その一方で，それが厳しいものでありすぎると，貧困世帯の子どもたちが，適切な教育や支援を受けられず，大人になってからも貧困状態に陥ってしまうという**貧困の連鎖**を引き起こすことにもなります。

　モラル・ハザードの問題を回避しながら，貧困の問題を解決することは，インセンティブの仕組みを整備するだけでは難しいことは知られています。貧困世帯に寄り添いながら，きめ細かな**自立支援**を行っていくことが，貧困の罠や貧困の連鎖の問題を解決していくために必要です。そして，人々が貧困に陥らなくてすむような**予防的政策**を充実させることが重要となります。

日本の**子どもの貧困**の問題は，先進国の中でも深刻であることが知られています。生活保護制度のみならず，教育政策や子育て支援政策の充実，さらには税制と社会保障制度の一体的な見直しを通じて，貧困の問題を改善していくことが，公平性の観点からも，効率性の観点からも重要と考えられます。

Working　　　　　　　　　　　　　　　　　　　　調べてみよう

1. 昨年度の社会保障給付費（年金と医療費の内訳を含む）を調べてみよう。
2. 生活保護受給者および生活保護費の最新データを調べてみよう。
3. 生活保護で定められる最低生活水準は，家族構成や地域によって異なるが，どれくらいの生活水準が保障されているか調べてみよう。
4. 年金制度におけるマクロ経済スライドとは，どのようなものか調べてみよう。

Check　　　　　　　　　　　　　　　　　　　　説明してみよう

1. 情報の非対称性の問題は労働市場でも深刻である。労働市場で起こりうる「逆選択問題」と「モラル・ハザード問題」の事例を説明してみよう。
2. 第1号被保険者の国民年金の未納率は高い。なぜそのような問題が起こるのか説明し，その問題を放置するべきでない理由を説明してみよう。
3. 虫歯の治療には保険は適用されず，治療費は全額自己負担という国も多い。そのような仕組みのメリットとデメリットを説明してみよう。
4. 介護保険は，基礎自治体によって運営されている。そのような仕組みのメリットとデメリットを説明してみよう。

Discussion　　　　　　　　　　　　　　　　　　　　議論しよう

日本の財政が破綻し，社会保障が大幅に縮小される可能性がある。不安定な老後の生活のために，国民はどのように備えたらよいだろうか。

第7章 社会政策

Learning Points
▶社会政策は，さまざまな社会問題に対応する政策です。
▶社会問題は，市場だけでなく，政府の制度や政策が生み出すことがあります。
▶労働，子育て，教育，環境という4つの社会問題を取り上げて議論します。

Key Words

労働　少子化　子育て支援　教育　環境問題　外部性

1 労働政策

現代社会において，労働は重要な意味を持っています。本節では，労働をめぐる政策について，理解を深めていきましょう。

1.1 労働政策の必要性

労働は，現代を生きる個々人にとって重要な意味を持つだけでなく，労働所得税や社会保障制度を通じて，社会全体に外部性を持つため，社会にとっても大きな意味を持っています。人々が労働供給を増やすことは，個人を豊かにするのみならず，労働所得税や社会保険料の増加を通じて，社会全体を豊かにするのです。逆に，個人（たとえば高齢者や女性）が労働参加しないことは，**社会的扶養**の必要性を高め，財政を圧迫する要因になります。

このような財政制度を通じた外部性の存在を考慮すれば，人々が潜在力を活かして，働き続けられる環境を作ることは，重要な政策と考えられます。

日本の労働市場では，労働需要と労働供給の両面で大きな変化が起こり，これまでになかったような労働問題が起こっています。今後は，そのような変化を踏まえた上で，望ましい労働政策を考える必要があります。

　急速な**グローバル化**のなかで，豊富な労働力（安い賃金）を持つ新興国が大きく成長してきました。その結果，日本は第1次産業や第2次産業では比較優位を失い，単純労働への需要は大きく減少してきました。さらに，国内経済は人口減少で縮小し続けると考えられるため，企業は国内では安定的成長を見込めず，長期的に雇用調整を行う必要性が高まっています。日本では，正社員の**解雇**が厳しく制限されていますので，企業は，雇用調整を行いやすい**非正規労働者**の雇用を望むようになり，それが実現してきました。

　一方，労働供給の側でも変化が起こってきました。経済成長と社会保障の充実により，人々は老後も自分の子どもに依存する必要がなくなってきました。その結果，子どもが高い所得を将来得られるようになるためのしつけや教育に，あまり時間やお金をかけない親が増えてきました（前章第1節も参照）。十分な学力や社会力が身についていないために，非正規労働者となってしまう若者も増えてきたと考えられます。

　親の所得や資産に依存できる状況も生まれ，ニート，ひきこもり，パラサイト，ワーキング・プアといった言葉で表現されるような自立に困難を抱える若者も増えてきました。また，グローバル経済で必須の外国語の能力を身につけていない日本の若者は多く，若年労働者の非正規化は，労働供給サイドの変化にも一因があると考えられています。このような労働需要と労働供給の構造的変化を踏まえた上で，労働政策のあり方を考えることが重要です。

1.2　望ましい労働政策

　日本では，1947年に公的な**失業保険**が導入されました。前章で議論したように，失業保険の下では，少しだけ働いて失業し，失業給付で生活しようとするモラル・ハザード問題が発生します。そのような問題を緩和するため

に，給付の仕組みの見直しが継続的に行われ，1974年には，雇用に関わるさまざまなリスクをカバーする**雇用保険**に衣替えされました。

産業構造が大きく変化するなかで発生する失業に対して，政府は大量に公債を発行して，国内需要を維持するケインズ政策（第5章**3.1**項を参照）を通じて，失業が顕在化しないような政策をとってきました。1994年からの20年間に550兆円を超える国債が発行され，1990年代から続く不況の中でも，日本の失業率は極めて低い水準に抑えられてきました。

失業が，経済構造の変化のために発生する場合，労働者の職業転換を支援するほうがよいと考えられます。景気対策では，その転換が遅れる可能性があります。むしろ失業させて，強力な再就職支援を行うほうが望ましい可能性が高いと考えられます。雇用保険やその他の政策を活用して，人々が潜在力を活かした仕事を見つけられる環境を整えることが重要です。

近年，非正規労働者などの低所得の労働者が増えてきたことを踏まえて，低所得労働者の状況を改善するための政策にも関心が高まってきました。改善案の1つは，**最低限所得制度**（ベーシック・インカム制度）です。これは，すべての国民に一定の所得を保障する制度で，社会保障の仕組みの1つと位置付けられます。しかし，一定の所得が保障されるなら，それは，人々の労働意欲を低下させます。場合によっては，引きこもりを増やす制度となりかねません。それは，非常に大きな財源も必要とします。

これに対して，労働政策の観点からは，**最低賃金**の引き上げが考えられます。しかし，それが雇用を減らしてしまう可能性が懸念されます。そこで労働所得に対して税額控除を与える**給付付き税額控除**の仕組みが有効ではないかとの議論が行われるようになりました。実際，この仕組みを導入している国が数多く存在しています。

この制度の下では，低所得者に対しては，たとえば800円の時給に上乗せの形で補助（税額控除）が与えられますので，補助込みの賃金が上昇します。これは通常の労働所得税の下で手取りの賃金が低下してしまうことと対照的

で，**負の所得税**の考え方と類似する考え方です。この制度の下では，手取りの賃金率が上昇しますので，働く意欲を高めながら低所得者の支援を行えることになります。効率的に公平性を改善する仕組みの1つと考えられます。

　この制度の最大の問題は，労働所得と賃金率の正確な把握が難しいことです。そのために，実施面で困難があると考えられています。確かに，すべての労働者について，このような仕組みを税制の一部として導入することには困難が伴います。しかし，たとえば生活保護の受給者や低所得のひとり親世帯等に限定して，類似の仕組みを導入することは，前章で見た**貧困の罠**や**貧困の連鎖**の問題を回避する仕組みとして有効かもしれません。

　一般の労働者のための労働政策としては，仕事と生活のバランス（**ワーク・ライフ・バランス**）がとれるような労働環境を実現するための政策が重要です。日本では，戦後，男性が片稼ぎで家族を養うという働き方が1つの理想とされてきました。しかし，男性1人で家族を養う所得を獲得するためには，**長時間労働**が必要でした。共稼ぎの場合，夫婦で家族を支えるという働き方が可能になりますので，長時間労働は必要なくなってきます。

　また，夫婦が共稼ぎで家計を支えるという働き方が一般的になれば，仮に夫婦ともに非正規労働をしていても，世帯年収が従来の片稼ぎ世帯の平均所得を超える可能性が十分あります。しかし，男女の役割分担に関する通念や職場で確立された働き方の仕組みは，なかなか変わらないようです。

　今後，長時間労働をする必要がない人が，適正な時間だけ働けるような労働環境の見直しが必要です。**育児休業**や**短時間勤務**を取得しやすくする取り組み，病気の治療や介護と両立できる働き方，望まない長時間労働を拒否できる環境づくり，あるいは，労働に関連する**メンタルヘルス**問題を含む相談への対応などの充実を支援することも，重要な労働政策と考えられます。

　多くの問題は，雇用者と労働者の努力，そして協力が必要です。政府と民間が協力して，働きやすい環境を整えていくことが重要です。

2　子育て支援政策

前章第1節で見たように，社会保障制度の充実は，家族内での相互扶助の必要性を低下させるため，婚姻率や出生率を低下させる**副作用**を持ちます。しかし，社会保障制度を維持するためには，次世代の育成は欠かせません。子育て支援は，社会保障制度が持つ副作用を緩和する政策と考えられます。

2.1　少子化問題

日本では，1974年から，**合計特殊出生率**は，**人口置換水準**を下回ることになりました。「合計特殊出生率」（以下，出生率）とは，1人の女性が一生に生む子どもの数の平均値です。男性は子どもを産めないので，人口が減少しないためには，出生率は2以上となる必要があります。「人口置換水準」とは，人口が長期的に一定に保たれる出生率水準で，現在，約2.07です。

1974年以降，出生率は人口置換水準を下回り続け，2008年から人口減少が始まりました。出生率低下の原因と言われることが多い婚姻率の低下も，

図表7－1 ▶▶▶ 婚姻率，出生率，離婚率

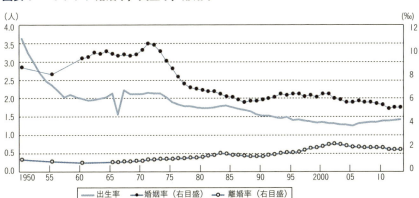

出所：国立社会保障・人口問題研究所のデータ。

1973年頃から始まっています（figure 図表7－1）。

日本で，少子化が起こった原因を理解するために，はじめに，人が結婚し子どもを持つ理由について，経済学的に考えてみましょう。

まず，子どもは可愛くて，親に直接的な喜びをもたらしますので，持ちたいと考える人は多いでしょう。これは，**消費的動機**と呼ばれています。さらに，子どもは，長い目で見ると，自分が病気になったり働けなくなったりしたときに，生活を支えてくれそうなので，持ちたいと考える人も少なくないと思います。これは，**投資的動機**と呼ばれています。

結婚にも，配偶者が与えてくれる直接的な喜びがあります。また，困難に直面したときに，配偶者が助けてくれるという投資的便益も期待されます。また，日本では，結婚しないカップルから生まれた**婚外子**（**非嫡出子**）は，法的にも社会的にも冷遇されるため，子どもを持つために結婚するという選択が行われることも考えられます。

前節で指摘したように，人々が貧しく，十分な資産を持てない状況では，結婚して子どもを持つことは，人生のリスクに備える，ほぼ唯一の方法でした。長生きを願う人々は，当然のように結婚し，子どもを持ちました。

しかし，経済発展とともに資産の蓄積が進み，社会保障制度も充実してくると，結婚したり子どもを持ったりしなくても，将来のリスクに備えられるようになります。「無理に結婚したり子どもを持ったりする必要はない。」人々の考え方がそう変化し，婚姻率そして出生率が低下したと考えられます。

特に，社会保障制度の影響に関しては，図表7－1で明らかにされている1970年代の半ば以降の急速な婚姻率と出生率の低下が，1973年の**福祉元年宣言**とタイミング的に一致しています。社会保障の充実が，投資的動機を低下させ，婚姻率と出生率の低下に大きな影響を与えたことが示唆されます。

さらに，賦課方式の社会保障制度は，他の人が産み育ててくれる子どもに「**ただ乗り**」して，老後の生活を営むことができる仕組みです。出産・育児が正の外部性を持っているということですので，何もしなければ，非効率的な少子化が進行します。子育て支援政策は，出産・育児が持つ正の外部性を

内部化し，効率性を高める社会政策と位置付けることができるのです。

2.2 子育て支援

一般に，政府は，人々の行動に中立的であるべきだという考え方があります。特に，結婚や出産は私的なことであり，その意思決定に介入すべきでないとの考え方があります。しかし，既存の制度や政策が，すでに，その意思決定に歪みを与えているとしたらどうでしょう？

経済学では，既存の政策が歪みを持つとしたら，それを補正するような別の政策を実施することは望ましいと考えます（**セカンド・ベスト理論**）。社会保障制度は，人々の子どもへの需要を低下させ，社会を消滅させるほどの副作用を持っています。特に，それが賦課方式の場合，自分で子どもを持たなくても，他の人の子どもが保険料を納めてくれれば高齢期の生活が保障されるという構造を持っています。

子育て支援は，社会保障制度の下で，「子育て」が持つ外部性に対して，適切な補償や支援を与えることが目的と考えられるのです。そのような重要な意味を持つ子育て支援を行わない国では，非効率的な少子化が進行し，最終的に消滅してしまうでしょう。社会保障制度の充実は，それほどの社会的インパクトを持っています。高齢者の生活を社会的に支えるのであれば，子育てをする人たちを社会的に支えることも必要なのです。

子育て支援の方法としては，大きく分けて，**現金給付**と**現物給付**という2つの方法があります。どのような政策が望ましいかは，政策が私たちの行動に与える影響を考慮して判断することになります。

まず，**児童手当**のような現金給付は，給付に所得制限がなければ，子育てをしている誰にとってもありがたいものです。しかし，不労所得の増加になりますので，労働供給を低下させるというマイナスの効果を持ちます。

ただし，低所得世帯に対しては，将来の日本を担う子どもの健全な育成を確保するためにも，一定の現金給付を行うことは重要です。さらに子育ての

図表 7 − 2 ▶ ▶ ▶ ▶ 子育て世帯への公的支出の国際比較

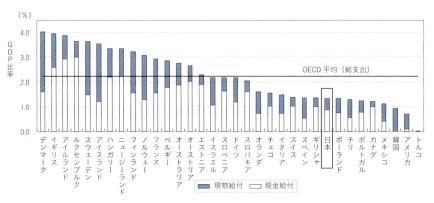

出所：OECD, Social Expenditure Database.

　負担が大きい多子世帯に対しても，より多くの現金給付により支援を行うことは，公平性の観点からも，効率性の観点からも，正当化できます。

　一方，**保育サービス**などの現物給付の増加は，通常，共稼ぎを前提として給付されますので，労働供給を増加させる効果を持ちます。生産年齢人口が減少を続け，労働不足や税収・社会保険料の減少の問題が発生している日本では，特に，女性の労働供給を促す政策として有効です。さらに，子育てをしているお母さんの**労働権の保障**，そして**子どもの人権保障**の観点からも，保育サービスなどの現物給付を増加させることは，望ましいと考えられます。

　日本でも，子育て支援政策は少しずつ充実してきました。しかし，出生率の回復が見られる諸外国と比べて，子育て支援のための公的支出は圧倒的に小さいという状況が続いています（図表7−2）。それが，人口置換水準に戻るような出生率の回復が日本で見られない最大の原因と考えられます。

3　教育政策

　社会保障制度の充実は，親による子への**教育投資**を低下させる効果を持ちます。生産年齢人口が減少している日本では，1人ひとりの生産性を引き上

げることが必要です。また、良い教育の機会が平等に与えられることは、公平性の観点からも大切です。**教育政策**は最も重要な政策と考えられます。

3.1 教育政策の目的と手法

　教育に対する社会的関心は、一般に高いですね。それは、個人が受ける教育が、本人のみならず社会全体に及ぼす影響が大きいからだと考えられます。良い教育は、社会・経済に良い効果を持つと考えられますので、**正の外部性**を持つと言えます。そのような社会的便益を、個人は回収できません（社会が「ただ乗り」することになります）ので、何もしなければ、個人が受ける教育水準は、社会的に望ましい水準よりも低くなってしまいます。

　多くの国で、教育に対する補助を与えて、教育を受けることを促しているのは、そのような教育が持つ外部性を内部化することで、社会の効率性を高める取り組みと考えられます。言うまでもなく、そのような政策は、人生の選択に大きな影響を与える教育の機会を、すべての個人に幅広く提供することになります。公平性の観点からも望ましいと考えられるため、多くの国でその充実が図られてきたのでしょう。前章**1.1**項でも示唆したように、良い教育を受けることは、貧困に陥るリスクを低めることになります。

　日本でも、教育政策の充実は、現代的課題の改善のために重要と考えられます。しかし、**図表７－２**で見た子育て支援のための公的支出と同様、公的教育支出は他の先進国と比べると低い水準にあります（**図表７－３**）。大学等の高等教育への公的教育支出も、先進国の中で最低水準です。

　日本政府の若年層向けの公的支出が、いかに貧しい水準にあるかがわかります。未来の日本を担う若者への投資の低さが、少子化、成長率の低下、非正規労働者の増加、子どもの貧困など、日本が抱えているさまざまな問題を引き起こしていると考えられます。

　公平性および効率性の両面から重要と考えられる教育政策ですが、さまざ

図表 7 − 3 ▶ ▶ ▶ ▶ 小中高校への教育支出（GDP 比）の国際比較

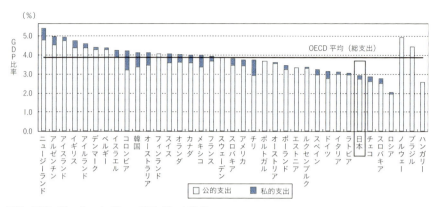

出所：OECD, Education at a Glance 2014. (Chart B2.2)

まな手法があります。まず，強制的に一定水準の教育を与える義務教育は多くの国で実施されている政策です。これは，以下の **4.2** 項で説明する外部性の問題への政策的対応の中では，規制による解決に該当します。正の外部性がある活動については，一定水準以上行うことを一種の規制として国民に求めるという政策です。義務教育により，国民の間での円滑なコミュニケーションを高めることは，効率性のみならず，公平性の改善にも寄与するでしょう。

義務教育以外の教育には，一定の補助が行われることになりますが，その手法としては，教育を提供する機関への補助と，教育を受ける個人への補助があります。まず，教育機関への補助と個人への補助のいずれがよいかに関しては，さまざまな議論があります。基本的には，個人への補助のほうが，個人の特性に応じた対応が可能なので，効率性の観点からも公平性の観点からも望ましいと考えられています。

しかし，実際には，公立学校への多額の補助のように，機関補助が行われることが多いようです。そのような政策を正当化する根拠として，高等教育では能力の高い学生が集まって学ぶことで，切磋琢磨して高度な能力を持つ人材が育つ効果（**ピア効果**）があり，それを可能にするために機関補助を与えて選抜試験を行うという議論には，一定の説得力があるかもしれません。

個人への補助に関しては，授業料の一定率を補助する定率補助，教育を受

けることへの定額補助，あるいは教育のための借り入れに対する補助など，さまざまな補助方式が考えられます。次項で詳しく見ることにしましょう。

3.2 教育補助政策

個人への教育補助としては，すでに示唆したように，**①定率補助**，**②定額補助**，**③所得補助**という3つの方式があります。どの仕組みが望ましいかは，人々の行動に与える影響を考えて判断するというのが，経済学の考え方です。

まず，②定額補助と③所得補助を比較してみましょう。前者が教育費に限定して補助を与える方式，後者は教育費に限定しないで一定の補助を与える方式です。たとえば，日本の所得税では，大学に進学するような年齢（19歳以上23歳未満）の子どもが扶養家族（特定扶養親族）の場合に特別の控除を受けられる仕組みがあります。これは，使途を教育費に限定しないで補助を与えることになりますので，所得補助に分類できます。

たとえば，定額補助が20万円の場合，20万円以上の教育費が支払われたことを前提として20万円を受け取れます（教育費が20万円未満の場合は実際の教育費が補助額）。一方，所得補助が20万円の場合，教育を受けなくても補助を受けられます。消費者にとってどちらがうれしいか（効用が高いか）と言えば，使途が限定されない所得補助のほうです。しかし，教育を促すという観点からは，定額補助のほうが効果が高いと考えられます。

次に，①定率補助と②定額補助を比較してみましょう。定率補助は，教育費の一定割合を補助する方式です。たとえば，補助率が50％で，補助額の上限が20万円の定率補助を考えてみます。この場合，40万円分の教育を受けると20万円の補助を受けることができます。

同じ補助額を想定したときに，定率補助と定額補助のどちらが消費者にとってうれしいかと言えば，定額補助です。定額補助の場合，教育費を20万円使えば20万円の補助を受けられるのに対し，定率補助の場合，20万円の補助を受けるためには40万円の教育費の支出が必要になるからです。しかし，教育を促すという観点からは，教育の価格が安くなる定率補助のほうが

有効です。私たちは，安くなったものを多く消費しようとするからです。

　以上の結果を整理すると，教育水準に与える効果に関しては，①定率補助が最も効果が大きく，②定額補助，③所得補助，と徐々に小さくなっていくと考えられます。一方，個人の効用最大化という観点からは，③所得補助が最も効果が大きく，②定額補助，①定率補助と小さくなっていきます。補助方式としては，定率補助よりも定額補助や所得補助のほうが望ましいと言われることが多いのですが，それは，教育水準を減らして消費を増加させることで高い効用を得られるからと説明できます。

　教育への補助が，正の外部性を持つ教育を促すことが望ましいという根拠に基づいているとすれば，①定率補助が最も望ましいと言えます。上述の特定扶養親族への所得控除は，子どもが教育を受けていても受けていなくても補助を受けられる所得補助の構造を持っています。納税者としてはうれしいと思われますが，教育政策という観点からは疑問が残ります。教育費の一定割合を控除する定率補助型のほうが，教育を促す効果は高いと考えられます。

　なお，教育政策の1つとして，**バウチャー制度**というものがあります。これは，一般に，低所得世帯を対象として，教育費の全額または一部を補助する制度で，②定額補助方式の1つと位置付けられます。人々が自由に学校を選べるようになることで，教育の質に関する学校間の競争が促されるメリットも持つと考えられています。

　すべての子どもたちに一定水準以上の教育を受けさせることが目的であれば，おそらくバウチャー制度のような定額補助方式は，優れた補助方式と考えられます。定額方式では，一定水準までは，基本的に無料となりますので，その水準までの教育をみんなに受けてもらうことが可能となるからです。

　いずれにせよ，どのような社会目的のために，補助金政策を導入しようとしているのかをよく考えた上で，望ましい仕組みを選択することが重要です。その答えは，高等教育，中等教育，初等教育，あるいは近年注目されている就学前教育のいずれへの補助かにもよるでしょう。教育の効果に関する研究

成果も踏まえて，望ましい教育政策を設計することが大切です。

4 環境政策

社会政策の多くは，効率性の観点からは，外部性の問題を緩和する政策です。本節では，市場で発生する外部性の問題を緩和する政策の例として，環境政策を取り上げ，政策的対応のあり方について，整理しておきます。

4.1 環境問題と環境政策

現在，おそらく最も深刻な環境問題は，**地球温暖化問題**です。世界の平均気温に関するさまざまな推計は，いずれも20世紀に入り平均気温が上昇し続けていることを示しています。原因は，工業化の進展等に伴う二酸化炭素排出の増加にあると考えられています。その結果，これまで見られなかった異常気象が発生するようになり，深刻な災害や農産物の被害などが発生しています。

環境問題は，市場の失敗の1つである**負の外部性**が最も深刻な問題です。すなわち，環境汚染物質の排出が人々に負の影響を与えるにもかかわらず，排出者はその費用を正しく認識しないために，環境汚染物質の過大な排出が行われていると考えられるのです。

この人類の存亡に関わるこの深刻な問題を改善するために，経済学はどのような解決策を提示するのでしょうか。簡単なモデルを通して，環境問題と環境政策についての理解を深めていきましょう。

ある企業の生産量が x のとき，生産1単位当たり $e(x)$ の環境汚染物質の費用（**外部費用**）が排出されると仮定します。生産量が x のときに必要な**私的限界費用**は供給曲線の高さ $S(x)$ で表されますが，上述の外部不経済を含む**社会的限界費用**は，$S(x)+e(x)$ によって与えられます。社会的な余剰が最大化される最適水準 x^* は，需要曲線と社会的限界費用曲線が交わる点です。

一方，市場では，需要曲線と私的な限界費用曲線が交わる点 x^+ で生産が

行われてしまいます。図表7－4が明らかにするように $x^* < x^+$ となり、市場では過剰な生産が行われることがわかります。

4.2 環境改善の手法

このような環境問題に対する効果的な政府介入方法としては、規制、課税・補助金、市場の創出、という3つの手法があることが知られています。まず、**規制**は、社会的に見て最適な x^* を生産させる方法で、具体的には、x^* 以上の生産に罰則を課すといった形をとる政策です。

次に、**課税**は、$t = e(x^*)$ となる税を課すことで、企業の課税後の私的限界費用を社会的限界費用に一致させ、社会的に望ましい x^* を企業の利潤が最大になる水準としてしまう手法です。環境政策の中では、そのような税は**環境税**と呼ばれています。負の外部性がある場合は税を課すことで、正の外部性がある場合は補助金を与えることで、外部性の問題を緩和できます。この政策は、その有効性を主張したイギリスの経済学者ピグー（A. Pigou：1877－1959）にちなんで、**ピグー税・ピグー補助金**と呼ばれることもあります。

環境税に関する興味深い事実は、それが外部性を内部化するのみならず、税収を生み出し社会厚生をさらに引き上げる可能性を持つことです。このように環境税が持つ2つの効果は、環境税の**二重の配当**とも言われています。

第3の政策は、外部効果を取引する**市場の創出**です。外部性の問題は、外部効果が無料で放出されてしまうことでした。そこで、外部効果の市場を作って取引させるならば、厚生経済学の第1定理が示すように、市場で効率的な配分が実現すると考えられます。たとえば、図表7－4の例で、外部効果（環境汚染物質）を排出する財の生産を行う権利を x^* 発行し、その権利を**排出権取引市場**で購入しなければならないとします。

この場合、財を1単位生産するための権利の価格は $e(x^*)$ と等しくなり、権利の購入価格を含む財の生産者価格は結局 p^* まで上昇することになります。その結果、私的限界費用と社会的限界費用は一致することになり、最適な生産が行われるようになるのです。

図表 7 − 4 ▶ ▶ ▶ 環境問題と環境政策

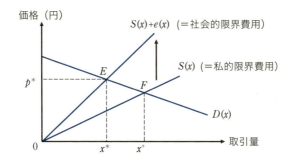

このように，環境問題を解決する政策は存在します。しかし，それは痛みを伴う政策でもあります。政治的に導入することが難しいという問題があります。特に，地球温暖化の問題は，世界的な規模で対応しなければならない問題ですので，有効な解決策を見出すことが難しい状況です。

外部性が及ぶ範囲は，解決策を考える上で重要です。たとえば，家の中の片付けのような局所的な外部性の問題であれば，わざわざ政府が介入しなくても，家族で話し合えば，環境問題は解決しそうです。さらに，外部性の及ぶ範囲が隣近所くらいであれば，これも話し合いで解決しそうです。しかし，広範な地域あるいは日本全体に影響が及ぶような問題であれば，政府の介入が必要となるでしょう。

アメリカの経済学者であるコース（R. Coase：1910 − 2013）は，外部性の影響を受ける人たちの間での交渉費用（**取引費用**とも呼ばれます）がゼロなら，政府が介入することなく，人々の交渉を通じて効率性が実現するだろうと主張し，**コースの定理**として知られるようになりました。言い換えると，交渉費用が大きくなるほど，効率性の実現が困難になり，政府介入が必要になるということです。

地球的な環境問題の難しさは，取引費用が膨大で，問題を解決できる権限を持つ世界政府が存在しないことにあると考えられます。**地球温暖化問題**に関しては，予想される被害の大きさを踏まえて，国際連合で，**気候変動枠組**

条約が結ばれ，その参加国が，**COP**（Conference of the Parties）と呼ばれる会議を毎年開催しています。排出権取引の仕組みを含む**京都メカニズム**などが実施されましたが，その後，国家間の交渉は難航し，温暖化を食い止める有効な解決策を見いだせない状態が続いています。

Working　　　　　　　　　　　　　　　　　　　　　　調べてみよう

1. 国立社会保障・人口問題研究所の最新の人口推計を使って，今後30年間で人口がどれくらい減少すると予測されているか調べてみよう。
2. 地球温暖化問題に対して，どのような取り組みが国際的に行われているか，調べてみよう。

Check　　　　　　　　　　　　　　　　　　　　　　説明してみよう

1. 非正規労働者が国内で増えてきた理由について，日本経済の変化を踏まえて説明してみよう。
2. 社会保障制度の充実が少子化を招く理由，そして，子育て支援政策が正当化される理由を説明してみよう。
3. 教育が正の外部性を持つ場合に，政策的介入がなければ過少な水準にとどまってしまうことを，図表7－4に類する図を用いて説明してみよう。
4. 環境税とはどのような税か，説明してみよう。
5.* 教育への3つのタイプの補助金の効果の比較を，効用最大化問題（教育とその他の消費財の選択問題）を図解した図を用いて説明してみよう。

Discussion　　　　　　　　　　　　　　　　　　　　　議論しよう

「男は外で働き，女は家を守る」という男女の役割分担に関する社会規範に従うことは，現在の日本において望ましいことだろうか。このような社会規範が存在してきた理由を考えて，現在の日本でも，その存在意義があるかについて，議論してみよう。

第 III 部

財源を調達する

- 第 8 章 　税制の設計
- 第 9 章 　直接税
- 第 10 章 　間接税と税制改革
- 第 11 章 　政府の借金

第8章 税制の設計

Learning Points
▶税制の望ましさの基準として、公平・効率・簡素という基準があります。
▶さまざまな税を、その特性に応じて直接税と間接税に分類してみます。
▶税の公平性や効率性に影響を与える要因を整理します。

Key Words

公平・効率・簡素　直接税　間接税　転嫁　帰着　租税競争

1　望ましい税制とは

　政府の役割の1つは、人々の財産を守ることですが、そのような活動を行うための財源を得るために、政府は人々の財産の一部を強制徴収します。**課税の本質**は、人々の財産を奪うことですから、税制は、国民の納得が得られる制度であることが大切です。

1.1　公平・効率・簡素

　税制の望ましさの基準として、一般に、**公平**、**効率**、**簡素**という3つ基準が用いられます。
　財産権を侵害する税制は、まず何よりも**公平**（公正）であることが重要です。どのような税制が公平かについてはさまざまな考え方があり、難しい問題ですが、多くの国民が公平でないと感じる課税が行われると、反乱や暴動や戦争が起こりやすくなります。世界そして日本の歴史の中に、税をめぐっ

て起こった反乱や戦争の例を数多く見出すことができます。

　たとえば，アメリカの独立戦争（1775 – 1783 年）のきっかけは，イギリス本国が課税を強化したことに，アメリカに住む人々が不満を高めていったことにありました。「代表なくして課税なし！」という当時のスローガンは，税が公平（公正）であることが国民にとっていかに重要かを示唆しています。

　公平性の議論では，まずは課税が公平であることが重要ですが，税制を通じて社会の公平性を改善するという観点からの議論も行われます。所得や資産の再分配の手法として，税制が用いられる国は少なくありません。

　第2の**効率**という基準に関しても，税はできるだけ効率的に徴収すべきであるという観点からの議論がまず重要ですが，税制を通じて社会の非効率性を改善するという観点からの議論も重要です。たとえば，環境税を導入することで，環境問題が緩和され，効率性が改善するのですから，税制を通じて社会の非効率性を改善することも，積極的に検討されるべきでしょう。

　実は，伝統的には「効率」という用語の代わりに「**中立**」という用語が用いられることも少なくありませんでした。しかし，上述の環境税の場合は，人々の行動を積極的に変えることに意義があり，税としては「中立」とは言い難い税です。経済学的な観点からは，その意味が明確な「効率」という言葉を用いるほうが望ましいと考えられます。

　最後に，税制は**簡素**なほうが望ましいという基準は，経済学的な観点からは必要ないとも考えられる基準です。簡素でない税制の下では，適正な納税を行うことが難しくなり，効率性または公平性の観点で問題を引き起こすため，望ましくないと考えられるからです。ただ，わかりやすい基準ですので，本書でも望ましさの基準の1つとして，明示的に取り上げておきます。

1.2　税の分類

　税制は，さまざまな**税目**から成り立っています。それらは，**直接税**と**間接税**のいずれかに分けられます。一般に，納税者が税法で想定される税負担者と異なる場合に**間接税**と呼ばれます。たとえば，消費税は，消費者が負担す

ることが想定されていますが，事業者を通じて間接的に納税されますので，間接税の代表例です。一般に，消費や取引に係る税は，税負担者は消費者と考えられており，間接税に分類されます。一方，税負担者が直接納める税が，**直接税**と呼ばれています。所得税，住民税，固定資産税など，所得や資産などを**課税ベース**とする税は，直接税の例です。

一般に，直接税は，国民のそれぞれの状況に応じてきめ細かく課税額を決められますので，公平性を高めることに使うことができます。一方，消費税などの間接税では，消費の額や種類によって，公平性の観点から差をつけることはある程度可能ですが，個人の状況に1対1に対応することは難しく，税を使って公平性を高めることには限界があります。

しかし，公平性は，社会保障制度（社会政策を含む）を通じて高めることは可能です。近年は，ヨーロッパ諸国のように，消費税（付加価値税）の標準税率を20%程度に設定し，公平性を高めるための社会保障の財源を間接税で効率的に徴収するという制度設計を行う国も少なくありません。税制と社会保障制度は，一体的に設計・評価することが重要です（第10章 **3.1**項）。

2 課税と公平性

税制は公平であることが大切ですので，まず税負担の公平性に関する議論を整理しておきます。そして，税を最終的に負担するのが誰かという問題について考えるために，税の転嫁そして帰着の問題について議論します。

2.1 公平性の原理

公平性に関しては，**水平的公平性**と**垂直的公平性**という2つの考え方があります。水平的公平性とは，同じ状況にある人には同じ税負担を行ってもらうことが公平であるという考え方です。一方，垂直的公平性とは，恵まれた状況にある人には，多くの税負担を行ってもらうことが公平であるという考

え方です。定義としては簡単ですが、実際には、「状況」や「恵まれた状況」を、どのように定義するかは難しい問題です。

本書のように、公平性を「**機会の平等**」で考える場合、「状況」は経済的機会で定義されますが、一般的には、個人の「状況」としては、公共財・サービス等からの**便益**と税負担を行うための**能力**（**担税力**）が考慮されます。

便益の面で恵まれている人ほど税負担を大きくするという考え方は、**応益原則**と呼ばれます。一方、税負担能力の面で恵まれている人ほど税負担を大きくするという考え方は、**応能原則**と呼ばれます。

これら2つの原則は、基本的には両立します。つまり、同じ便益ならば、能力が高い人に大きな税負担を求め、同じ能力ならば、便益が大きい人に大きな税負担を求めることで、応益原則と応能原則は両立可能です。もちろん、いずれかの原則のみを採用し、他方を無視する税も考えられます。

垂直的公平性の観点から、恵まれた状況にある人の税負担をどの程度大きくすべきかについては、いろいろな考え方があります。以下では、個人の「状況」を表すものとして所得を考え、**累進性**の考え方について整理しておきます。

実は、税の累進性には、2つの定義があります。まず、図表8-1❹のように、所得の増加に伴い、追加的な所得に適用される税率（**限界税率**と呼ばれます）が上昇する税を、**累進税**と呼ぶ定義があります。日本の所得税で

図表8-1 ▶▶▶ 税の累進性

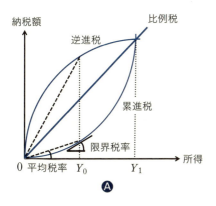

❹

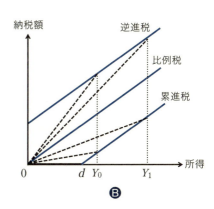

❺

も，段階的にですが，適用される税率が上昇しますので，この**超過累進税**とも呼ばれる累進性の定義を満たしています。

もう1つの累進性の定義は，所得の上昇に伴って，納税額が所得に占める割合（**平均税率**と呼ばれます）が上昇していくという定義です。本書では，基本的にこの定義を用います。たとえば，図表8－1 ❸ の中の「累進税」は，税率は一定ですが，それ以下の所得なら納税額がゼロとなる**課税最低限**（d）が存在していますので，図中の点線の傾きで表される平均税率が，所得とともに上昇するという累進性を持ちます。

理論的には，この平均税率に基づく累進性を持つことが，**ジニ係数**で見て課税後の所得分布が改善するために重要であることが知られています。ジニ係数とは，すべての人が同じ所得を持つ**完全平等**のときに0，1人だけが所得を持つ**完全不平等**のときに1の値をとる所得分配の指標です。

したがって，公平性の観点からは，平均税率で見て比例的か累進的であることが望ましいと考えられます。限界税率が累進性を持つ場合，一般に平均税率での累進性が大きくなりますので，所得再分配効果も大きくなりますが，効率性の観点からは，あまり望ましい特性を持っていません。

2.2　課税の転嫁と帰着

課税は，法律上の納税者・税負担者のみならず，多くの人に影響を与えます。税の公平性を考える上で，税の負担は最終的に誰が負っているのかという税の**帰着**の問題は重要です。

たとえば，消費税は，法的には消費者が支払う税と考えられていますが，実際には生産者や小売業者もその一部を負担していると考えられます。「消費税は消費者が負担するものです」と言われることがありますが，実際の負担に関しては，誤った認識と言わざるをえません。まず，この点を見ていくことにしましょう。

図表8－2では，課税前の市場均衡が点 E によって与えられており，消費1単位当たり t という消費税が課されたときの新しい均衡が F によって

図表8-2 ▶▶▶価格弾力性と帰着

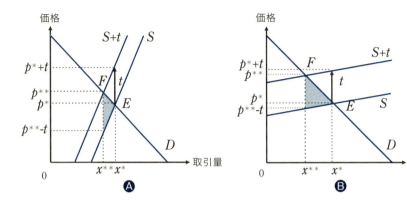

与えられています。ここで、税負担 t は供給曲線 S と $S+t$ の差ですが、実際の価格の上昇幅は $p^{**} - p^* < t$ です。つまり、消費者が負担するのは、税率 t の一部です。残りは、生産者が支払っていることになるのです。

というのも、生産者の課税後の受取価格は $p^{**}-t < p^*$ となり、課税前の受取価格 p^* を下回っているからです。このように、生産者が消費税の一部 $p^* - (p^{**} - t)$ を支払う理由は、課税後価格が上昇し、需要が減少するため、生産者は価格を下げざるをえないからです。このように、税負担が、法律上想定されない人に移ってしまうことを、税の**転嫁**と呼びます。

消費者と生産者の負担の程度は、需要曲線および供給曲線の傾きに依存します。たとえば、**図表8-2 ❸**のように、供給曲線が水平に近くなると、消費者の負担（$p^{**} - p^*$）は大きくなります。というのも、生産者が税率の上昇に対して弾力的に対応できるなら、生産者は税負担を回避できるからです。その分、消費者の負担は大きくなります。なお、負担の程度は、需要曲線と供給曲線の傾きの相対的な大きさに依存しますので、需要曲線が弾力的あるいは非弾力的になった場合の比較を通じても見ることができます。

帰着の問題を考えていくと、税負担が意図されない形で現れる可能性があることがわかります。たとえば、小売事業者が受け取れる価格が低下すると、雇用や賃金の減少という形で結果的に労働者に転嫁される可能性もあり

ます。また，原材料の生産者に転嫁されることも考えられます。

　税の帰着に関する議論は，減税や補助金の帰着，さらには政策の効果の最終的な帰着を考えなければ，公平性の問題は完全には分析できないことを示唆しています。たとえば，住宅購入者を助けることを目的とした減税や補助金は，実は地価を引き上げて土地所有者を潤すだけの補助金となる可能性が高いと考えられています。地方税として固定資産税が望ましいと考えられる理由も，実は，この税の帰着の問題と密接に関わっています（第9章）。

　公平な税制を考える上で，帰着問題は重要であり，それが需要曲線や供給曲線の形状に依存しているという事実は注目に値します。

3　課税と効率性

　課税の効率性について，消費税と所得税を例として考えてみましょう。

3.1　消費税の非効率性

　税が，人々の行動に与える影響は，**代替効果**と**所得効果**という2つの効果に分けられます。代替効果とは，税により財・サービスの**相対価格**が変化し，人々が相対的に安くなった財・サービスをより多く需要するようになるという効果です。一方，所得効果とは，税により人々の実質的な所得が変化し，人々の需要が変化するという効果です。

　税が非効率性を生むのは，それが，市場で取引される財・サービスの相対価格に影響を与えて，代替効果が発生する場合のみです。各個人に税負担が直接割り当てられる**定額税**（lump-sum tax）は，代替効果を全く生まないので，効率性の観点からは望ましいと考えられます。

　定額税の特徴は，納税額を減らすような行動をとることができないという点です。したがって，納税者が同じ額の定額負担をする仕組みでも，年齢や性別に応じて異なる定額負担をする仕組みでもかまいません。定額税が課さ

れると,所得効果を通じて,私たちの行動は変化しますが,市場における相対価格を変えることがありませんので,非効率性が生じないのです。

さて,消費に対する課税としては,すべての財に同率で課税する**消費税**,食料品などいくつかの財の税率を低くする**軽減税率**を導入した消費税,あるいは財ごとに異なる税率を課す**物品税**タイプの消費税などが考えられます。効率性の観点からは,どのような方式が最も望ましいのでしょうか。

効率性の観点からは,すべての財に同率で課税する消費財が,財・サービスの相対価格を変えることがないので,最も望ましいように思われます。しかし,これは実は誤った考え方です。

もし,すべての人の所得が不労所得なら,すべての財・サービスに同じ率で課税する消費税は,財・サービスの相対価格を変えることなく,定額税を支払うことと同じになるため,効率性の観点からは最も望ましくなります。

ところが,**労働所得**がある場合,私たちの効用に影響を与える**余暇時間**(働いていない時間)を考慮する必要があります。余暇時間の増加は,財・サービスの消費と同じく,私たちの効用を引き上げてくれるのですが,消費税では余暇時間に課税できず,消費と余暇時間の相対価格が変化するため非効率性が発生するのです。

それでは,どのような消費税が効率的なのでしょうか。**図表8-3**では,余暇時間の価値で測った消費財の価格を縦軸にとって,需要曲線と供給曲線が描かれています。

説明の簡単化のため,供給曲線は水平な直線として描かれています。ここで,この消費財に税が課されたときの効果は,供給曲線の上方シフトで表され,新しい市場均衡は点 F で表されます。その結果,市場での取引量が x^{**} に減少し,三角形 EFG で表される**死重損失**が発生することがわかります。

需要・供給曲線は一般に直線にはなりませんが,非効率性の近似計算としての三角形の面積は,税率の2乗に比例します。たとえば,需要関数が $x = a - bp$ で,三角形 EFG の高さ(価格の変化)が t ならば,底辺は tb なので,面積の計算では t が2回乗じられ,$0.5t^2b$ になるからです。

図表 8 − 3 ▶▶▶ 価格弾力性と死重損失

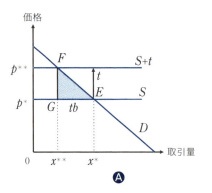
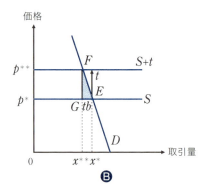

　この結果は，税率の上昇とともに非効率性が級数的に増加していくことを示しています。したがって，税率が高くならないように，税は**広く薄く**課すほうが，効率性の観点からは望ましいということを示しています。

　また，図表8−3の❹と❺を比較すると，税の非効率性は，需要の**価格弾力性**に依存することがわかります。❹のように，需要が価格に対して弾力的だと，課税は需要を大きく変えますので，死重損失が大きくなるのです。

　効率性の観点からは，死重損失が小さいほど望ましいと考えられますので，一定の税収をあげるためには，需要の価格弾力性が大きな財には低率で，弾力性が小さな財には高率で課税することで，全体としての非効率性を小さくできます。このようなルールは，**逆弾力性ルール**と呼ばれています。

　言うまでもなく，すべての財の価格弾力性が等しい場合には，同率で課税することが望ましくなります。しかし，一般に，需要の価格弾力性は異なりますので，異なる税率が望ましいことになります。

　実は，このような税制は，公平性の観点からは問題があります。価格が変化しても需要があまり変化しない財としては，食料品等の必需品が多いのですが，これらの財に相対的に重い税を課すことは，一般に，低所得者に負担の重い税になると考えられるからです。

　公平性の観点から，必需品には低率で課税される一方で，価格弾力性が相対的に高い贅沢品には，高率の消費税が課されることが多いのですが，これ

では効率性は悪化することになります。そのような軽減税率を導入するよりも，すべての財・サービスに同率で税を課すほうが効率的と考えられます。

3.2 所得税の非効率性

次に，効率性の観点から，**所得税**の効果について分析してみましょう。次章でみるように，所得としてはさまざまな所得がありますが，ここでは**労働所得**と**利子所得**に対する課税の影響を考えてみます。

労働所得への課税は，働いて得られる所得を低下させますので，余暇時間の価格を相対的に低下させます。つまり，労働所得税は相対価格を変え，余暇時間を増やし労働時間を減らす代替効果を生みますので，非効率性を発生させます。そして，非効率性の程度は，限界税率が大きいほど大きくなりますので，効率性の観点からは，限界税率を低く設定することが求められます。

ただし，労働所得税引き上げの結果として，実際に労働供給が減少するか否かは不確かです。労働所得税が引き上げられる結果，人々がそれまで以上に働き始めるという可能性が十分あるのです。

たとえば，北欧諸国のように税負担が高い国でも，人々の労働供給は減少しておらず，女性の労働参加率は日本より高くなっています。税による所得の減少を補うように労働供給を増やす所得効果が働いていると考えられます。所得税を引き上げると人々は働かなくなるという主張には，注意が必要です。

利子所得に対する課税の効果についても同様の結果が得られます。利子所得への課税は，税引き後の利子率を減少させますので，貯蓄の価値を下げます。つまり，それは，現在消費と将来消費の相対価格を変化させ，貯蓄を減らす代替効果を生みますので，非効率性を発生させます。

ただし，労働所得税と同様，利子所得税が貯蓄に与える影響は不確かです。たとえば，利子所得税引き上げの結果，人々が貯蓄を増やす可能性があります。特に，老後の生活を心配する人々が，手取りの利子所得が低下する場合，貯蓄を増やして将来に備えるということは自然な行動と考えられるでしょう。

4 租税競争

グローバル化された国際社会において、ヒト・モノ・カネは、かつてないほど自由に動いています。国家間で資本や優秀な人材を集めるために、税制面での競争も起こっており、**租税競争**と呼ばれています。この租税競争は、地方政府間でも起こっています。望ましい税制のあり方を考えるために、租税競争が効率性と公平性に与える影響について見ておきましょう。

4.1 租税競争と効率性

具体的な例を用いて考えてみます。いま、失業の問題に悩むA市の政策担当者は法人課税を廃止することを考えています。法人税を課し続けた場合、隣接するB市に企業が移っていくかもしれないと考えたからです。同じ危惧はB市にもあるはずです。政策担当者は次のような利得を考えていました。

(1) 両市とも課税し続けた場合、企業の流出は起こらず、税収は確保できるが、現状は変わらないので利得はそれぞれ0。
(2) A市が法人課税を廃止した場合、法人課税を続けるB市から企業が流入し、雇用の機会が増え、個人からの税収が増えるので、利得は増加し1になると仮定。B市では結局税収が得られないのみならず、雇用の機会も減るという2つのマイナス効果のため、利得は−2になる。
(3) 両方とも課税を廃止した場合、企業の流出も雇用の創出も起こらないが、法人税収が全く得られなくなるため、それぞれ−1の利得を得る。

この仮定の下での利得を、**図表8−4**にまとめてみました。

A市とB市は、それぞれ法人に対して「課税する」または「課税しない」という選択ができ、4つの選択の組み合わせが存在します。それぞれの選択

図表８－４ ▶ ▶ ▶ 有害な租税競争

A市／B市	課税する	課税しない
課税する	0, 0	−2, 1
課税しない	1, −2	−1, −1

の組み合わせの下でのＡ市とＢ市の利得が，セル（ボックス）の中の２つの数字で表されています（左の数字がＡ市の利得，右の数字がＢ市の利得）。

たとえば両市が課税を続けた場合，利得は両市とも０です。ここでＢ市が「課税する」を選ぶ場合，Ａ市にとっては，「課税しない」ときの利得（１）は「課税する」ときの利得（０）よりも高くなっています。一方，Ｂ市が「課税しない」を選ぶ場合も，Ａ市にとっては，「課税しない」ときの利得（−１）が「課税する」ときの利得（−２）よりも大きくなっています。

つまり，Ｂ市の選択によらず，Ａ市は「課税しない」を選べば高い利得を得られます。同様に，Ｂ市も「課税しない」を選ぶことが最適です。したがって，両市とも「課税しない」という政策を選ぶと考えられます。

ところが，このときの両市の利得はそれぞれ（−１）となり，両市が「課税する」を選ぶ現状の利得（０）よりも悪い状況に陥ってしまいます。実際，地方政府が，法人への課税を引き下げて，地域の雇用を確保するための企業誘致を行い，雇用や税収を獲得することに成功することがあります。しかし，このような租税競争が広がると，より低い税負担を提示する地方政府に企業が移動し，結局，税収の低下のみが残ってしまうことになります。

このように各自治体が利己的に行動する結果，みんなが悪い状況に陥ってしまうような租税競争は，**有害な租税競争**と呼ばれます。資本を引きつけるために，各国が行う法人税の引き下げ競争も，この有害な租税競争の一例と考えられています（ただし，法人税の全体的な引き下げがむしろ経済成長を促す良い効果を持つなら「有害」とは言えないかもしれません）。

地方分権の一環として**課税自主権**が認められると，地方間の租税競争が起こり，その結果として税収が減少し，望ましい水準の公共財供給が行われなくなる可能性があります。有害な租税競争を抑制するために，中央政府が地

方政府の課税自主権を，ある程度制限することは正当化されるでしょう。

4.2 租税競争と公平性

租税競争は，公平性の実現の障害となることも知られています。地域間を移動するのは資本だけではありません。人々も移動します。特に能力の高い人々を獲得することは，それぞれの国や地域の成長にとって大きな意味を持ちますので，政府もまた能力の高い人々を獲得しようとして，税制面の優遇を行おうとします。たとえば，次のようなシナリオを考えてみましょう。

A市の政策担当者は，所得再分配政策を打ち切り，高所得者の税負担を軽減することを考えています。それにより，隣接するB市に低所得者が移り，高所得者がB市から流入するという誘惑を感じているのです。

両市とも再分配政策を続けた場合，市民の移動は起こらず，公平な状況を実現できます。このときの利得をそれぞれ0とします。A市が再分配政策をやめると，低所得者の流出と高所得者の流入が起こり，財政状況が改善するため利得が1になると仮定します。一方，再分配政策を続けるB市では低所得者の流入と高所得者の流出が起こり，財政状況が悪化し，再分配を行えなくなり，利得は－2になるとします。両市が再分配政策をやめると，市民の移動は起こりませんが，再分配を行えなくなりますので，利得はそれぞれ－1になると仮定します。

このときの利得は，**図表8－4**と全く同じになり，両市にとって，再分配政策を行わないことが最適になります。公平性の観点からも，有害な租税競争が起こることがわかります。

国際的にも，日本を含む先進国で，1980年代から1990年代にかけて所得税の累進性の緩和が行われました。これは，当時急速に進展した経済のグローバル化の中で，高所得者を国内に引き止めるために行われた税制改正であったと考えることもできそうです。

実は，このような政府間の財政競争は，社会保障政策でも起こります。たとえば，財政状況が厳しくなると，財政負担が重い高齢者，障害者，貧困者などの流入を防ぐために，地方政府は弱者支援政策を充実させない可能性が高くなるのです。地方分権は，公平性の実現という観点からは，大きな問題を抱えていることを示唆しています。

Working　　　　　　　　　　　　　　　　　　　　　　調べてみよう

1. 世界経済のグローバル化の中で，日本の法人税も引き下げの圧力にさらされてきた。戦後の日本の法人税の税率の推移を調べてみよう。
2. グローバル化の中で，日本では，所得税の最高税率も引き下げの圧力にさらされてきた。日本の所得税の最高税率の推移を調べてみよう。

Check　　　　　　　　　　　　　　　　　　　　　　　説明してみよう

1. 価格弾力性の低い財・サービスに重課する税制が，効率的であると考えられる理由を，わかりやすく説明してみよう。
2. 地方政府に，身近な住民の基本的人権を保障する役割を担わせようとしても，実際には人権保障が行われにくい理由を説明してみよう。
3. 税の望ましさの基準を考える際には，経済学的には，「中立」よりも「効率」という用語を用いるほうが妥当と考えられる理由を説明してみよう。
4.* 図表8−3の状況で，供給曲線が水平でなく，右上がりになった場合，供給の弾力性と死重損失の関係を説明してみよう。
5.* 労働所得税の引き上げが生み出す非効率性（死重損失）を，労働市場を図解した図を使って説明してみよう。

Discussion　　　　　　　　　　　　　　　　　　　　　議論しよう

　地方政府が，ふるさと納税制度で，お礼としてさまざまな商品をプレゼントする政策は，自らの地域に納税してもらおうとする租税競争の一例である。その結果，福祉などの支出のための税収は全体として低下してしまう。中央政府は，それを禁止すべきか，容認すべきか。

第9章 直接税

Learning Points
- ▶直接税は，納税者の担税力や便益に応じた課税を行える税です。
- ▶個人および法人に対する直接税について，基本的な仕組みを学びます。
- ▶資産に対する課税についても，基本的な仕組みを説明します。

Key Words

所得税　住民税　贈与税　相続税　固定資産税

1 直接税の体系

　直接税としては，税負担者の状況に応じて，きめ細かく税負担が決められる税が数多くあります。以下では，まず，個人と法人に対する直接税の代表的なものを，それぞれ取り上げて，直接税の考え方を整理しておきます。

1.1　個人への直接税

　個人に対する直接税としては，**地方住民税**，**個人所得税**，**固定資産税**，**贈与税**，**相続税**などがあります。所得や資産に関わる税が代表的な直接税です。これらの税のうち，ここでは，地方住民税の特徴を紹介し，残りの税については，次節以降で，少し詳しく見ていきます。

　地方住民税は，代表的な地方税の1つで，都道府県民税および市町村民税とも呼ばれます。この税もまた個人の状況に応じて，きめ細かな税負担を求めるため，複雑な仕組みとなっています。基本的には，納税義務者に対し

て，**均等割**と呼ばれる定額の税負担と，**所得割**と呼ばれる所得比例的な税負担を足し合わせて，納税してもらう仕組みです。

効率的な税である定額税によって一定の税収を確保しながら，納税の大部分は所得に応じた課税となっています。ただし，定額の税負担が所得に占める割合は，所得の低い人たちのほうが大きくなります。したがって，所得割を含めても，所得とともに平均税率が低下する逆進税の特徴を持ってしまうことが懸念されます（第8章図表8−1❸を参照）。

しかし，課税最低限が十分に高ければ，定額負担がある場合でも，それがわずかなら，住民税の平均税率が所得とともに増加するという**累進性**を確保できることを示せます。ただし，均等割が引き上げられるならば，住民税は逆進的になる可能性があります。

1.2　法人への直接税

法人に対する直接税としては，地方税としての**法人住民税**および**法人事業税**，そして国税としての**法人税（法人所得税）**が，代表的な直接税です。

法人に対する課税に関しては，**法人実在説**と**法人擬制説**と呼ばれる2つの考え方があります。言うまでもなく，法人はインフラをはじめとして，政府活動からさまざまな便益を受けながら経済活動を行っています。間違いなく実在する経済主体ですので，たとえば**応益原則**の観点から直接税を課されることには大きな意味があります。しかし，**法人所得**に関しては，最終的に誰かに帰属すると考えられます。そこで，所得が個人に帰属した段階で，個人の担税力に応じて課税することが望ましいという考え方が，法人擬制説です。

この考え方に基づくと，法人税とは，出資者が受け取る法人所得に対して，一定率で源泉徴収し，前取りする税と考えることになります。そこで，たとえば配当所得に関しては個人が受け取った段階で，個人の所得税率が適用されるように調整することが望ましいことになります。

一方，法人所得に関しても，法人という経済主体に担税力を求めて，法人の担税力に応じて課税することが望ましいという考え方が法人実在説と呼ば

れています。この考え方に基づくと、たとえば、中小企業と大企業で異なる法人税率を課すことが正当化されます。

経済学では、法人が生み出す所得は、最終的には、出資者に帰属するものと考えます。**応能課税**としての法人所得税に関しては、法人擬制説に基づく課税を行い、**応益課税**としての法人住民税や法人事業税に関しては、法人実在説に基づく課税を行うことが合理的と考えられます。

中小企業と大企業で異なる法人税率を課すことは、応能課税の観点からは正当化することは難しいと考えられます。しかし、何らかの理由で中小企業への投資を促す、あるいは中小企業への投資家を保護するといったことが正当化できるなら、そのような仕組みは一定の合理性を持つかもしれません。

なお、財団、病院、NPO などの**非営利法人**に関しては、収入が費用を上回ることで一時的に利益が発生することがあります。しかし、利益が出資者等に配分されないという非営利制約がありますので、応能課税としての所得課税は必要ないと考えられます。ただし、実際には、非営利法人が事業の一部として行う収益事業の所得には課税されます。営利企業が同じ収益事業を行う際に、競争上不利にならないように課税されていると考えられています。

2　個人所得税

個人所得に対する課税は、最も重要な税の1つです。基本的な仕組みと望ましい姿について理解していきましょう。

2.1　所得の定義と所得税の仕組み

所得とは、その発生源から考えると、個人が得る収入から、収入を生み出すために必要な経費を差し引いたもの（収入 − 必要経費）と考えられます。また、その使途から考えると、所得とは、消費または資産の純増に用いられ

るもの（消費＋資産の純増）と考えることもできます。

　この2つの定義は，所得を異なる角度から見ただけなので，いずれも定義とみなすことができますが，伝統的な所得税の理論では，後者を**所得の定義**とみなして，望ましい所得税のあり方に関する議論が行われてきました。

　この**ヘイグ・サイモンズの定義**とも呼ばれる「所得の定義」によれば，消費または資産の純増に寄与するものはすべて所得とみなすことになります。たとえば，農家が自分の田畑で作ったものを**自家消費**する場合，自家消費したものの市場価値は所得とみなすことができます。あるいは，専業主婦・主夫が家庭内で生み出す家事サービスなども，その価値を所得とみなすべきです。さらに持ち家を持っている人は，それが生み出している居住サービスを消費しながら生活しているのですから，その市場価値も所得とみなすことになります。さらに，勤務先などから与えられる**現物給付**なども，それが消費に寄与する限り，所得とみなす必要があります。

　このような自家生産・自家消費されるものや現物給付されるものは，消費の増加に寄与するものですので，確かに，所得とみなして所得税の課税対象とすべきと考えられます。しかし，いずれも把握が難しく，その多くは，所得税の課税対象となっていません。

　資産の純増に関しては，資産の売却で得られる**キャピタル・ゲイン（資本所得）**が，資産の純増または消費に寄与する場合，所得税の対象となります。さらに，保有株の株価上昇などによる**未実現キャピタル・ゲイン**に関しても，資産の純増に寄与するのですから，ヘイグ・サイモンズの定義を厳密に適用すれば，課税すべきということになります。しかし，実際には，未実現のキャピタル・ゲインに課税することは難しいという問題が起こります。

　アメリカの経済学者であるヘイグ（R. Haig：1908－1952）とサイモンズ（H. Simons：1899－1946）は，このように定義した所得に対して，包括的に課税すべきであるという**包括的所得税**の考え方を提示しました。しかし，日本の所得税では，実際には，源泉別の**分離課税**と**総合課税**の組み合わせで，

図表 9 − 1 ▶▶▶ 所得税の仕組み

所得の分類	所得控除の種類	税額控除の種類	
事業所得 給与所得 退職所得 利子所得 配当所得 不動産所得 山林所得 譲渡所得 一時所得 雑所得	基礎控除 配偶者控除 扶養控除 障害者控除 老年者控除 寡婦控除・寡夫控除 勤労学生控除 雑損控除 医療費控除 社会保険料控除 生命保険料控除 損害保険料控除 寄付金控除，など	配当控除 政党等寄附金特別控除 認定NPO法人等寄附金特別控除 公益社団法人等寄附金特別控除 外国税額控除，など	
		税率表	
		課税される所得金額	税率
		195万円以下	5%
		195万円を超え 330万円以下	10%
		330万円を超え 695万円以下	20%
		695万円を超え 900万円以下	23%
		900万円を超え 1,800万円以下	33%
		1,800万円超	40%

課税が行われています。**図表 9 − 1** には，個人所得税における**所得の分類**，**所得控除**と**税額控除**，そして**税率**がまとめられています。

実際の所得税は，かなり複雑な仕組みになっていますが，基本となるのは，「納税額＝税率×(所得－所得控除)－税額控除」と表現される納税額の計算です。このように計算される所得税以外の所得は，その多くが定率(たとえば10％)で**源泉徴収**されることになります。

ここで，「所得－所得控除」は**課税所得**とも呼ばれ，税率が乗じられる際は，税率表に見られるように，所得区分に応じて異なる税率を乗じて，合算される計算となります。たとえば，500万円の課税所得がある場合，

5％ × 195万円 ＋10％ ×(330 − 195)万円 ＋20％ ×(500 − 330)万円

というように計算されることに注意してください。

このような計算方法に注目すると，所得控除による減税額は，個人によって異なることがわかります。所得控除は課税所得を減らしますので，その個人に適用される最高税率（上記の例では20％）を乗じた分が減税額になります。したがって，高所得者ほど，減税額が大きくなります。これに対して，税額控除による減税額はすべての個人で同じになります。

なお，個々の所得の計算を行う際に，**図表 9 − 1** で示されている所得控

除とは異なる固有の所得控除が存在していることに注意しましょう。たとえば，「給与所得」の計算では，一般に，事業所得などのように必要経費を差し引くことができないということで，**給与所得控除**が定められています。問題は，この給与所得控除が極めて高い水準に設定されていることです。

たとえば，基礎的な控除として65万円の給与所得控除が認められているため，**基礎控除**38万円と合わせて，103万円までは非課税となります。しかし，給与所得を得るのに，年間65万円もの必要経費が発生する人がどれほどいるでしょうか。さらに，給与所得控除は給与収入の上昇とともに増え，たとえば，660万円の給与収入がある人には，186万円もの給与所得控除が自動的に認められます。給与所得者は税制上優遇されていると考えられます。

同様に，年金収入は雑所得となりますが，65歳以上の年金受給者は基礎的な控除として120万円の**公的年金等控除**が認められています。年金所得は，拠出の段階で，**社会保険料控除**で非課税になるだけでなく，受け取る段階でもかなりの額が控除されます。また，退職所得に関しても，非常に大きな**退職所得控除**が認められています。上述のように，所得控除は高所得者ほど減税額が大きくなります。

なお，日本の所得税制では，**課税単位**は原則として個人となっていますが，配偶者控除や扶養控除のように世帯の状況を一部考慮した課税が行われています。**配偶者控除**を受けることができれば，税負担が低くなるため，配偶者控除を受けるために，女性の労働供給が抑制されてしまうという非効率性が発生していると言われます。日本でも，海外のいくつかの国のように，夫婦単位の課税（**2分2乗方式**）を選択できるようにすれば，配偶者控除は必要なくなり，上述の非効率性の問題も解消することが期待されます。

また，日本の所得控除の中には，**寡婦控除・寡夫控除**のように，男性か女性かで税負担が異なるという**性差別**も存在しています。所得税制改正では，税率のみならず，さまざまな所得控除や課税単位の見直しも重要です。

2.2　望ましい所得税

　所得税の望ましい仕組みを，公平性と効率性の観点から考えてみましょう。

　まず，公平性の観点からです。個人所得税を，所得を担税力とみなして課税する税と考えるなら，包括的所得税が最も望ましいと言えるでしょう。しかし，個人所得税を，所得で測られる個人の状況に応じて課税する税と考えるなら，所得の源泉まで考慮して課税することが望ましいと考えられます。

　たとえば，身を粉にして働いて 500 万円の労働所得を得て暮らしている A さん，仕事をせず 500 万円の不労所得（相続遺産からの配当所得など）で暮らしている B さんという 2 人の個人を考えてみます。年齢や能力などの属性はすべて同じと仮定します。包括的所得税の考え方に基づけば，2 人は同じ税負担をすべきです。しかし，公平性の観点から考えた場合，A さんと B さんが同じ税負担をすることが公平だと感じられるでしょうか？

　おそらく，不労所得で暮らしている人に多く負担してもらい，身を粉にして働いている人の負担は小さくしたほうが公平と感じる人は多いと思います。経済学的に考えると，上記の 2 人の予算集合（経済的機会）は全く異なり，500 万円の不労所得を得ている人は，不労所得のない人よりも，はるかに大きな予算集合を持っており，経済的に恵まれた状況にあると判断できます。

　所得は同じですが，B さんのほうが恵まれた状況にあるのですから，より重い税負担を行ってもらうことが公平と考えられます。このように，経済的機会の豊かさを所得で判断する場合，所得の源泉に応じて異なる課税を行うことが，公平性の観点から望ましいと考えることができます。

　このように，「状況」として「経済的機会」のような事前の状況まで考慮することで，より自然な公平性の議論が行えるようになると考えられます。しかし，課税における公平性の議論の多くは，「所得」のような事後的状況に基づいて公平性を判断します。これは，実際の課税では，事前の状況に関する情報を得ることが難しいからと考えられます。

　しかし，たとえば，包括的所得税が良いのか，それとも源泉別の分離課税が望ましいかといった税制の設計に関わる問題を考える上では，事前の状況

まで考慮して，公平な税制を考えることが有用となる場合が少なくありません。公平性の問題は難しい問題ですが，財産を奪うという特性を持つ税制では，とても重要なことです。今後とも議論し続けていくことが大切です。

効率性の観点からも，包括的所得税ではなく，労働所得と資本所得を分けて課税する**二元的所得税**が望ましいという議論が行われるようになってきました。その根拠の1つは，税率の変化に対する労働供給と資本供給の反応は大きく異なるため，それぞれの弾力性を考慮した税率設定を行うことが，死重損失を小さくするという観点からは望ましいというものです。特に，グローバル化が進展するなかで，資本移動が活発になる一方，労働移動はそれほど大きくないことを考えると，このような議論は説得力を持つものです。

労働所得に対する課税に関しても，前章で見たように，非効率性（死重損失）の大きさは近似的には税率の2乗に比例すると考えられますので，税率が高くなるほど非効率性が大きくなってしまいます。したがって，**超過累進性**を持つ所得税の場合，高い税収が期待される所得者の高い人たちの労働意欲を大きく低下させてしまい，大きな非効率性が発生すると考えられます。

したがって，一定の税収を生み出しながら，公平で効率的な所得税を設計するという**最適所得税**の問題を考えた場合には，高所得層に対して適用される限界税率は徐々に低下していく**逆進性**を持っていることが望ましいという興味深い結果が得られています。このような結果を理解するうえで，たとえば限界税率は一定でも，平均税率でみた累進性があれば，所得の再分配が行われるという第8章**2.1**項での議論が参考になるでしょう。

現在の日本の税制は，戦後，連合国総司令部（GHQ）の要請で1949年に結成されたシャウプ（C. Shoup：1902－2000）を団長とする使節団の勧告（**シャウプ勧告**）に基づいて，形作られています。その中では，包括的所得税が理想的な所得税と考えられていましたが，それは，公平性および効率性の観点から，決して理想的とは言えません。望ましい所得税のあり方については，今後とも議論を深めていくことが重要です。

3 法人所得税

法人所得税は，法人が生み出す所得に対して，課税する税です。国際的な租税競争も意識せざるをえない重要な税です。

3.1 法人所得税の仕組み

法人所得は，「法人所得(利潤) = 収入 − 必要経費」で定義されます。法人税は，個人所得税とは異なり，一定率で課されます。しかし，日本では，企業規模によって税率が異なり，中小企業には**軽減税率**が課されています。

法人税の計算は，収入と経費の計算が複雑で，一般に，税法上の所得は，法人の会計上の所得と異なります。特に，法人税の中には，**租税特別措置**と呼ばれるさまざまな税負担の軽減措置があります。その結果，所得控除や税額控除の形で課税ベースが小さくなり，税率は高くなる傾向があります。

研究開発のように，外部性が存在する場合，税負担の軽減を通じて投資を促す租税特別措置が正当化される場合も多いのですが，特定の産業や事業者の保護を目的にしているものも少なくないと言われています。法人税の改正においては，税率のみならず，租税特別措置なども継続的に見直していくことが重要です。

法人所得税の仕組みの中では，配当所得への**二重課税**の問題も重要です。法人擬制説の立場に立てば，法人所得税は個人に帰属する所得への課税の前取りという性格を持っていると考えられますので，その後，さらなる課税の対象となる場合には，何らかの調整が行われることが期待されます。

たとえば，日本では，法人が他の法人から配当を受け取った場合，半分だけ収入として算入されます。一方，個人が受け取った配当は，定率の**申告分離課税**方式，**総合課税**として所得に配当所得を算入した上で**配当税額控除**を

受ける方式のいずれかを選択できます。包括的所得税を理想とする立場から言えば，配当所得は個人段階でのみ総合課税し，法人段階での配当所得への課税はすべて控除する**完全インピュテーション方式**と呼ばれる所得課税が望ましいとも考えられますが，日本では部分的な調整のみが行われています。

ただし，近年，日本でも**少額投資非課税制度**（NISA）が導入されて，一定額までの投資に関しては，配当所得を個人所得税段階で非課税とする仕組みができました。この場合には，法人所得税のみを配当所得への課税とする仕組みになっていると考えられます。

3.2 法人所得税の経済効果

次に法人税が，経済に与える影響について考えてみましょう。理論的には，法人所得税は，企業の生産に短期的な影響を持つことはなく，長期的な影響を持つと考えられます。まず，この点を理解しておきましょう。

企業の利潤（所得）は，最終的には生産量 Y の関数 $\Pi(Y)$ で表現されると考えられます。ここで，法人所得税は利潤に対して一定割合 τ で課されますので，税引後の利潤は $(1-\tau)\Pi(Y)$ となります。ここで，企業が利潤最大化を行うのであれば，利潤を最大にする生産量は，課税前も課税後も全く変化しないはずです。これが短期的な効果です。

一方，このような法人税率の引き上げは，投資の収益率を低下させますので，投資を減少させる効果があります。そして，投資の減少による資本蓄積の低下は，一般に成長率を低下させます。これが法人税の長期的な効果です。

いうまでもなく，実際の法人税は，複雑な仕組みとなっていますし，企業が理論的に想定される利潤最大化行動をとっていないかもしれません。したがって，それが短期的にも生産量に影響を与えてしまう可能性はあります。ただ，法人税が生産に与える効果については，基本的には，上述のように短期的効果と長期的効果を区別して，理解しておくことが有用です。

なお，法人所得税の経済効果としては，それが企業の資金調達に与える影響が古くから議論されてきました。企業は資金調達の際，債券発行を含む「借り入れ」と株式発行を含む「出資」による資金調達のいずれかを選択できます。借り入れの場合に発生する利払いは必要経費として利潤から差し引かれる一方，出資を受ける場合は，**配当**や**内部留保**に法人税が課されます。したがって，法人税が存在する場合，借り入れのほうが調達コストが小さくなるので，理論的には100％借り入れで資金調達することが考えられます。

実際には，最適な資金調達は，法人税以外の要因も考慮して行われるため，100％借り入れが起こることはありません。しかし，法人税は，資金調達に対して歪みを持つことが知られており，その歪みを緩和するような法人税も考案されています。

4 資産課税

資産は，所得とともに，個人の担税力を示す重要な指標です。資産に関わる税としては，資産の譲渡に対して課される税と資産の保有に対して課される税を考えることができます。

4.1 相続税・贈与税

資産の譲渡に対して課される代表的な税として，**相続税**と**贈与税**があります。相続税は死亡時，贈与税は生前の資産の譲渡に課される税（国税）です。

相続税には，大きく分けて，遺産額に応じて課税する**遺産税型**と相続人が取得した遺産額（つまり相続額）に応じて課税する**遺産取得税型**の2つのタイプがあります。どちらが望ましいかは，課税の根拠によります。

遺産額に対する課税は，生前に獲得した所得に対して人生の最後に課税するという考え方を根拠と考えることができます。あるいは，故人が残した資産は，家族だけでなく，社会にも還元することが望ましいという考え方を根

拠とすることもできそうです。

　一方，相続額に対する課税は，人々の機会の不平等を改善するという考え方が主な根拠と考えられます。1億円の遺産を取得した人と遺産を全く受けなかった人では，経済的機会の大きな格差が生まれますので，その格差を小さくすることが公平であるという考え方です。

　日本では，基本的に遺産取得税型の考え方に基づき，相続額に対して課税を行うという方式を基本としていますが，相続税の総額を**法定相続割合**に基づいて計算するという他国にはあまり見られない方式が採用されています。

　具体的には，遺産額から基礎控除を引いた上で，法定相続割合（たとえば配偶者と子2人なら，配偶者=50%，子=25%）で分割されたと仮定して，相続人ごとに計算した相続税額を足し合わせて相続税額の総額を計算するという方式です。実際の納税の際には，相続税額の総額を実際の相続割合で分割して，納税してもらうことになります。

　この方式は，相続額の正確な把握が難しく節税を意図した相続行動が起きやすいといった遺産取得税型の問題を回避できるというメリットがあるのですが，同じ1億円を相続した場合でも，遺産総額や相続人数によって税負担が異なってしまうといったデメリットもあります。

　社会の不平等化を抑制するために，相続税の強化が求められ，基礎控除の引き下げや税率の引き上げといった税制改正が行われてきました。今後，課税方式の見直しも検討の余地があると思われます。たとえば，遺産に対して遺産税型で課税した上で，相続された分について遺産取得税型で課税を行うという方式も考えられます。遺産に対して二重課税が行われることになりますが，二重課税は正当な根拠さえあれば問題ないと考えられます。

　なお，贈与税は，一般に相続税を補完する税と考えられています。相続税だけなら，節税のために資産の譲渡が生前に行われてしまうからです。

　効率性の観点からは，相続税や贈与税は，貯蓄を抑制してしまう効果があります。ただ，実際に，貯蓄抑制効果があるか否かは，人々の**遺産動機**によ

ります。遺産には，意図しない遺産と意図した遺産の2つがあります。前者の場合，資産を残すつもりはなかったのに，残ってしまった財産ですから，相続税が高くても貯蓄には全く影響しないので，非効率性は発生しません。

一方，遺産が意図されたものであれば，相続額を減らしてしまう相続税は，遺産のための貯蓄行動に影響を与えます。さらに，人々が子どもからの介護やケアを受けようとして遺産を戦略的に残すような場合，相続税は，子どもによる介護やケアにも影響を与えて非効率性を生む可能性があります。

贈与税や相続税は，経済的機会の平等化という公平性の観点から重要な税ですが，それが経済の効率性に与える影響も重要ですので，緻密な制度設計が求められます。

4.2 固定資産税

資産の保有に対する税として，戦後の税制改革の基礎となった前述の**シャウプ勧告**に基づいて1950年に導入された**富裕税**があります。これは，富裕層が持つ純資産に低い税率で薄く課税する税です。現在でもいくつかの国に存在していますが，日本では1953年に廃止されました。現在，資産の保有に対する税としては，土地や建物などの**固定資産**の市場価値に対して一定率で課税される**固定資産税**があります。

多くの固定資産を持つ人は，税負担能力も高いと考えられますので，固定資産税は，**応能原則**の立場から正当化されます。さらに，この税が，多くの国で地方政府の基幹税となっているのは，固定資産の価値が，地方政府の公共財や公共政策の便益を反映していると考えられるからです。

経済学では，公共財や公共政策が地域にどれだけの便益をもたらしたかを，地価の変化を用いて推計する**ヘドニック・プライス法**と呼ばれる手法が用いられます（第4章 **2.1**項）。地価は，地域の公共財や公共政策の便益を反映して高くなると考えられるからです。固定資産の市場価値が，地方政府の政策を反映していると考えられますので，固定資産税は**応益原則**の観点からも正当化でき，地方政府の基幹税と位置付けられている理由のひとつとな

っています。

　実は，地価は地域の公共財等の便益だけでなく，将来の税負担も反映していると考えられます。たとえば，税負担が重い地域には，人々はあまり住みたくないと思いますので，地価が低下してしまいます。不動産は，動くことができない生産要素ですので，地域の公共財の便益や税負担が最終的に**帰着**してしまうと考えられるのです。受益や負担の**資本化**と呼ばれる現象です。

　また固定資産は，移動できない課税ベースであるがゆえに，その供給は税に対して非弾力的となると考えられます。したがって，固定資産税は死重損失が小さく，資産保有者に税負担が帰着しやすくなります。固定資産税は，効率性の観点からも公平性の観点からも，望ましい特性を持っていると考えられるのです。

　特に，地域で都市開発等の事業を行う場合，その便益は地価の上昇という形で現れると考えられます。開発利益の還元という観点から，都市開発のための財源を固定資産への課税によって賄うことが正当化されます。基礎自治体には，そのような目的を持つ**都市計画税**を，固定資産税に上乗せする形で課すことが認められています。

　なお，固定資産税は，対象となる資産が住居用か，農地として使われるものか，更地となっているか，といった利用状況で税負担が異なります。たとえば，固定資産税の納税のために住居用の土地や家を売却しなければならないのは問題ですので，利用状況で税負担が異なることには合理性がある場合もあります。

　しかし，税負担の差が節税行動を生み，非効率的な土地利用や未利用土地の放棄（**ロック・イン効果**）などにもつながります。この場合，用途別の土地市場において，土地の供給行動が固定資産税に対して弾力的になってしまうため，非効率性が発生することになります。

　耕作放棄地の増加，商店街の衰退，空家の増加といった問題は，土地の有効活用が行われていないことにも一因があります。土地利用に与える影響まで考慮して，固定資産税の仕組みを見直していくことも重要です。

Working
調べてみよう

1. あなたは未婚で，1人暮らしをしており，給与収入が500万円であったとしよう。個人所得税はいくらとなるか，調べてみよう。また，給与所得控除が給与所得に占める割合を計算してみよう。
2. 上記1.のケースに関して，あなたが住んでいる市区町村と都道府県の地方住民税も計算してみよう。
3. Aさんのお父さんが亡くなり，6,000万円が遺産として残された。Aさんのお母さんとAさんが相続人である。相続税の総額を調べてみよう。

Check
説明してみよう

1. 法人所得税の引き下げの短期的効果と長期的効果を説明してみよう。
2. 個人所得税の引き上げが，人々の労働供給を増加させることがある。なぜ，そのようなことが起こり得るのか説明してみよう。
3.* 上記2.のような現象が見られることを，効用最大化問題を図解した図を用いて説明してみよう。
4.* 個人所得税の引き上げが，人々の貯蓄に与える影響を，効用最大化問題を図解した図を用いて説明してみよう。

Discussion
議論しよう

　寡婦控除と寡夫控除は，男性と女性で税負担が異なりうる制度である。このような税制は，正当化できるだろうか。女性の平均寿命が男性より長いことを根拠として女性の年金保険料を引き上げる提案は，男女平等の観点から正当化できるかという問題を出発点として，議論してみよう。

第10章 間接税と税制改革

Learning Points
▶ 間接税の代表例である消費税と関税の仕組みや特徴について説明します。
▶ 税制は，社会・経済の変化に対応すべく，改革していくことが必要です。
▶ 税制改革は，他の制度と一体的に行うことが重要です。

Key Words
消費税　関税　国際課税　社会保障制度　政府間関係

1　消費税

　消費税は，間接税の最も代表的な税です。累進性を持たせることが難しいため，垂直的公平性を実現する力は小さいのですが，消費を個人の担税力とみなすならば，水平的公平性を確保しながら，多くの消費を行える人ほど税負担も大きくなるという意味で，一定の垂直的公平性も満たす税です。

1.1　消費税の仕組み

　消費税としては，さまざまなタイプがあります。伝統的には，酒税，たばこ税，揮発油税など，贅沢品や社会的に消費を抑制することが好ましいと考えられる財・サービスに課税する物品税が存在してきました。物品税には，大きく分けると，財・サービス1単位当たりの税率が定められている**従量税**方式と，1円当たりの税率が定められている**従価税**方式の2種類があります。
　前章**3.1**項で紹介したように，効率性の観点からは，薄く広く課税する税

のほうが望ましいことも知られるようになり，消費に対して幅広く課税する売上税や付加価値税などが，多くの国で導入されるようになりました。いずれも幅広い消費に対する課税ですので，従価税タイプの課税となります。

日本で，1989 年に税率 3％で導入された消費税は，**VAT**（Value-Added Tax）と呼ばれる**付加価値税**と基本的に同じ仕組みを持つ消費税です。日本では，消費税と呼ばれていますが，実は，消費者への売上段階だけで課税される**小売売上税**とは異なり，取引の各段階での付加価値（売上額−仕入額）に対して，定率で課税される仕組みになっています。

納税を行う事業者の手続きとしては，売上の際に徴収する消費税から仕入の際に支払う消費税を控除した額を納税することになります。**図表 10 − 1** で，2 段階の取引があるケースを見てみましょう。消費税率は 10％とします。

A 社では仕入額は 0 で，B 社に売る際に 10 の消費税を徴収します。A 社の消費税の納税額は 10 − 0 ＝ 10 です。A 社が生み出す付加価値は 100 ですので，消費税は付加価値に対して 10％で課される税であることがわかりますね。B 社では，仕入の際に 10 の消費税を支払い，消費者に売る際に 15 の消費税を徴収します。A 社の納税額は 15 − 10 ＝ 5 で，B 社が生み出す付加価値への 10％の課税であることがわかります。

EU 諸国では，納税手続きで，仕入業者から受け取る**インボイス**によって，納税の際に控除できる額を明確にする必要があります。しかし，日本ではインボイスが用いられず，請求書や帳簿によって仕入段階で支払った消費税の控除が認められています。その結果，**益税**（徴収した消費税のうち納税されない部分）が発生しやすい仕組みになっています。

小売り段階での売上にのみ定率で課税される**小売売上税**は，アメリカやカナダの地方税として導入されています。**図表 10 − 1** の例では，税率が消費税と同じ 10％のときの税収 15 は，消費税の場合と同じになっています。消費者への売上額が，それまでの取引で生まれた付加価値の積み上げに一致していれば，取引の各段階で付加価値に課税する消費税の合計額と小売売上

図表 10－1 ▶▶▶ 付加価値税（消費税）と小売売上税の仕組み

	A社（製造）	B社（小売）	税収計
仕入額	0 [0]	100 [-10]	
売上額	100 [+10]	150 [+15]	
付加価値	100	50	
消費税（付加価値税）	10 [10-0]	5 [15-10]	15
小売売上税	0	15	15

税の税収は等しくなるのです。

　なお，B社の取引が非課税ならば，消費税を納めなくてよいのですが，実は，消費税も徴収できないので，A社に支払った消費税10の分だけ利益が減り，消費税5を納める場合より利益が少なくなります。一方，B社が免税事業者なら，徴収した消費税を納めなくてもよいので，利益は5増えます。

　日本では，小売段階でのみ課税する売上税は，小売事業者の多くが中小事業者であるため税収を十分徴収できないと懸念されたことが，多段階で徴税できる付加価値税タイプの消費税が，最終的に導入された理由の1つでした。

　古くは，各段階での売上に定率で課税される**取引高税**と呼ばれる税もありましたが，取引の段階が多くなると税負担が重くなってしまうため，そのような構造を持たない小売売上税や付加価値税が好まれるようになりました。

1.2 消費税の効率性と公平性

　他の税目との関係で，消費税の特徴を明らかにしておくことは，今後，消費税のウェイトをどの程度にするのが良いのかを考える上で有用でしょう。消費税に関しては，実は，労働所得に一定税率で課税する**比例労働所得税**と本質的に同じという**等価定理**が存在します。簡単に紹介しておきます。

　まず，遺産の存在しない場合を考えます。税が全くない場合，私たちの生涯にわたる予算制約式は，(生涯にわたる総消費)=(生涯にわたる総労働所得)という関係式で表されます。ここで，消費に対して一定率 t_c（たとえば0.08）で課税されるなら $(1+t_c)$(生涯にわたる総消費)=(生涯にわたる総労働所

得) という関係式が成立しなければなりません。

この式は (生涯にわたる総消費)=$[1/(1+t_c)]$ × (生涯にわたる総労働所得)と変形することができます。ここで，$1/(1+t_c) < 1$ なので，$1/(1+t_c) = (1-t_Y)$ となる正の税率 $t_Y < 1$ が存在します。これは，消費税が，労働所得に対する比例税 t_Y と本質的に同じであるということを示しています。これが，消費税と比例労働所得税の等価定理です。

この結果は，消費税もまた（比例労働所得税と同様に）労働意欲を低下させる効果を持つことを示しています。また，消費税と所得税の違いは，利子所得に対する課税がないことで，消費税は所得税とは異なり，貯蓄に対して歪みをもたらさない税であることもわかります。

興味深いのは，消費税の場合には，生涯にわたる予算制約は等価となる労働所得税の場合と同じですが，貯蓄は増加するという点です。これは，労働所得税の場合，課税は若年期にのみ行われるのに対して，消費税の場合には，老年期にも課税されるため，将来の課税に備えて，貯蓄しておく必要があるからと説明できます。この点も含めると，実は消費税が労働所得税と完全に同じ経済効果を持つわけではないことにも注意が必要です。

また，公平性の観点からは，生涯にわたる消費税の負担が，生涯にわたる労働所得に占める割合は一定ですから，**生涯所得**で考えれば消費税は**逆進性**を持つとは言えないこともわかります。

つまり，人々が労働所得を生存中に使い切るとすれば，生涯にわたる消費と所得は等しくなりますので，消費に一定割合（たとえば8%）で課される消費税が生涯所得に占める割合は一定となります。逆進的とはなりません。さらに遺産にも消費税率で課税すれば，消費税は完全に生涯所得に対して比例的な税となり，消費税は逆進的との批判は全く当たらないことになります。

一般に，消費税が逆進的と言われるのは，高所得者はたくさん貯蓄すると考えられるからです。その結果，高所得者のほうが，消費が所得に占める割合は低く，消費税負担が所得に占める割合も低いと考えられるのです。

このような議論の詰めの甘さは，貯蓄が行われる若年期のみを考慮した議論となっていることです。高所得者も，いつかは貯蓄を使うのですから，それが消費に使われた時点で消費税が課税されることまで考えると，消費税は逆進的ではなく，比例的になると考えられるのです。

逆進性を持つ可能性があるのは，貯蓄が消費されずに相続された場合です。将来的には，相続を受けた人が消費税を負担しますが，個人間の公平性を重視するという観点から言えば，遺産にも消費税率に等しい税を課すことで，逆進性を完全になくすことができるというのが，上述の議論です。

言うまでもなく，間接税としての消費税は，累進性を持つことはできませんが，消費を担税力とみなすことができるという観点からは，個人が行う消費に対して課税する直接税を構想することも可能です。そのような税は，**支出税**と呼ばれています。

これは，個人の所得から貯蓄を差し引いた額を申告してもらい課税する税です。支出税は，所得税と同じように累進性を持つことができます。しかし，このような直接税タイプの消費課税は，貯蓄を正確に把握することが難しいため，実施は難しいと考えられます。

2 関税と国際課税

関税も，間接税の代表例の1つです。関税は，税収としてはそれほど重要ではありませんが，経済のグローバル化とともに，重要な税目の1つとなっています。本節の後半では，グローバル化への対応という観点から近年の税制改正で取り上げられることが多くなった国際課税について説明します。

2.1 関 税

関税は，外国からの輸入品に対する課税です。輸入品を把握することは比

較的簡単なので，関税は古くから徴収されてきました。日本でも，数多くの関税があります。税収を確保するためというより，食料自給率の維持などを根拠として，特定の財・サービスの生産者を保護するという目的が大きいと考えられます。関税は，**従量税**または**従価税**の形で定められています。

たとえば，お米の輸入には，従量税方式の税が課されていますが，これを価格に対する比率（従価税方式）で計算し直してみると，700％〜900％になるようです（想定するお米の価格によります）。従量税方式だとあまり実感がわきませんが，従価税方式で計算すると関税率の高さが実感できますね。

関税は，引き上げることで，税収増の効果とともに，**国内産業保護**の効果も期待できるため，租税競争が起こりやすい税です。実際，1930年代の世界的な大不況期には，各国で国内産業を守るための関税引き上げ競争が発生し，国際貿易が大きく減少したため，世界的な大不況を深化させることになりました。

第2次世界大戦後は，その反省を踏まえて，**自由貿易**の障害になる関税に関しては，引き上げ競争を抑制するように，**GATT**（General Agreement on Tariffs and Trade：関税および貿易に関する一般協定）と呼ばれる取り決めが結ばれることになりました。その後，GATTを引き継ぐ形で，**WTO**（World Trade Organization：世界貿易機関）が設立され，現在に至るまで，世界的な規模で自由貿易を推進する取り組みが行われてきました。

しかし，関税を引き下げることは，国内産業に大きな影響を与えるため，世界的な規模で関税引き下げの取り決めを行うことが政治的に難しいという状況にあります。そのようななかで，近年では，2国間あるいは少数の多国間での**自由貿易協定**（FTA：Free Trade Agreement）や**経済連携協定**（EPA：Economic Partnership Agreement）などが結ばれるようになりました。一般に，経済連携協定は，自由貿易協定を含む包括的な協力関係に関する協定として締結されることが多いようです。太平洋を取り囲む国の間のTPP（環太平洋戦略的経済連携協定）も，そのような取り組みの1つです。

国家間の経済連携協定は古くから結ばれています。たとえば，1858年に締結された**日米修好通商条約**（Treaty of Amity and Commerce）も，自由貿易協定を含む経済連携協定と考えることができます。この条約では，日本政府が自由に関税率を定められる権利（**関税自主権**）が与えられていないなど，不平等条約の色合いが濃いとして国民の間に不満が高まり，江戸幕府が倒れる原因の1つとなりました。

2.2　国際課税

経済のグローバル化が深化していく過程で，政府は関税のみならず，法人税や貨幣政策に関しても他国の影響を強く受けることになります。これまで選んできたことを自由に選べなくなるというのは，政策に関するグローバル化の負の側面です。しかし，人口が急速に減少していく日本では，海外の経済成長を取り込んで成長していくしかありません。経済のグローバル化の中で生き抜いていくためには，税制もまた見直し続けていく必要があります。

特に，日本国内では労働力が減少を続けますので，海外への投資を通じて，海外で生み出される付加価値を日本に還流させることで，国民所得と税収を増加させていくしかありません。したがって，海外で生み出される所得，特に資本所得に関する税制が重要になります。

海外とのつながりを意識して，資本所得への課税を考える場合，3つに分類できます。まず，①日本人が日本で投資して得た国内源泉所得，②日本人が海外への投資で得た国外源泉所得，そして，③外国人が日本で投資して得た国内源泉所得です。それぞれに対してどのように課税するかを考える際に有用となるのが，源泉地主義と居住地主義という2つの考え方です。

源泉地主義は，日本国内を源泉とする所得に均一に課税するという考え方ですので，①と③の所得が課税対象となります。一方，**居住地主義**は，日本国内に居住する人の所得に均一に課税するという考え方ですので，①と②の所得が課税対象となります。前者は，日本国内で所得が生まれている点に注

目して課税しますので**応益原則**，後者は，日本人の所得に注目して課税しますので**応能原則**が，公平性の観点からの根拠と考えられます。

　以上は，国際課税の考え方を概念的に整理したもので，実際の課税では，多くの国が，上記3つの所得に課税しています。ただし，「②日本人が海外への投資で得た所得」については，一般に外国政府も課税しますので，日本でも課税されると二重課税となり，税負担が非常に重くなってしまいます。その結果，海外で得た資本所得を日本に還流しないといった行動や海外でビジネス・チャンスがあっても投資しないといった行動が取られる可能性があります。

　そこで，日本では，**外国税額控除**という仕組みを設けています。それは，海外で納めた税を，日本での納税額から控除するという仕組みです。この仕組みがあれば，海外で得た資本所得への税負担は，日本でのそれと同じになりますので，上記のような行動は取られないことが，期待されます。

　ただし，海外での納税額が日本での納税額を上回る場合，日本政府が差額を還付するということはないため，税負担が高い国への投資は抑制されることになります。逆に言えば，日本の法人税が高い場合，海外で外国税額控除の仕組みがあっても，日本への投資は行われにくいということです。

　なお，国際課税では，**移転価格税制**が問題となることが少なくありません。たとえば，海外の法人税が低い場合，日本の親会社が，海外の子会社から仕入れる原材料に対して，市場価格よりも高い価格を支払う会計処理をすることで，日本の親会社の利益（法人所得）を減らし，海外の子会社の利益を増やすことが可能となります。

　このような会計処理は，法人税収の不当な低下につながりますので，子会社と親会社の間の取引の価格（**移転価格**）に関しては，適正と考えられる市場価格を推計・適用して課税するというのが，移転価格税制です。企業内での取引に関して，適正と考えられる価格を推計することは容易でない場合が多く，国際課税における問題となることが少なくありません。

　国際課税は，税の徴収において，外国政府との競合関係が生じやすいとい

う特徴を持っていますが，その一方で，外国の課税当局との協調が必要な場合も少なくありません。効率性の観点から，どのような国際課税の仕組みが望ましいのかについての研究も数多く行われています。経済のグローバル化の深化とともに，今後とも，その重要性が高まっていくことになるでしょう。

3 税と社会保障の一体改革

公平な社会を実現するという目標は，税制と社会保障制度の両方に期待される目標です。公平で効率的な社会を創っていくためには，税制と社会保障制度は一体的に議論され，設計されるべきです。ここでは，2つの制度の基本的特徴や関係について，理解を深めていきます。

3.1 税と社会保険料

政府は，税と社会保険料を徴収し，公平性と効率性を改善するための活動を行っています。社会保障制度では，**社会保険料**の負担が求められますが，社会保険にも多額の税が投入されています（第3章**図表3-3**を参照）。

政策のあり方を考える際には，実は，特定の税（たとえば消費税）や社会保険料を取り上げて，公平性や効率性を議論してもあまり意味がないとも言えます。さまざまな税と社会保険料が徴収されていますので，全体として公平で効率的な政策となるように，税制と社会保障制度を一体的に評価し，改革することが必要と考えられます。

しかし，財政制度はあまりに複雑で，個人はあまりに多様ですので，評価が難しくなります。上記の視点を常に持ちながら，年金保険，医療保険，介護保険，生活保護制度などを制度ごとに分析し評価することは重要です。

以上の考察も踏まえて，日本における税と社会保険料の違いについて考えてみます。まず，社会保険料の支払いも義務ですので，税と極めて近い性格

を持っていますが，実際には強制徴収の程度が社会保険料のほうが低く，そのことが，たとえば年金への未納・未加入の問題などを生んでいます。

　第2に，日本では，良くも悪くも，社会保険料に関しては，**保険原理**が重視されています。たとえば，平均寿命や病気になる確率が所得によって差がないなら，年金や医療保険の保険料は，所得によって異なるべきではないというのが保険原理です。しかし，所得の低い人も高い人も同じ保険料負担をするという仕組みは，極めて**逆進性**が高い仕組みです。

　実際，基礎年金の保険料は，所得が非常に低い場合には軽減措置がありますが，基本的に定額です。また，国民健康保険には，所得比例的な保険料負担の部分がありますが，定額負担の部分が大きく，基本的に，所得の増加とともに負担率（保険料負担が所得に占める割合）が低下していくという逆進性の構造があります。

　社会保険料の負担率が低所得では非常に重くなっていることが，社会保険への未納・未加入の一因になっています。高齢化とともに社会保険料は上昇し続けており，低所得世帯にとっては大きな負担となります。社会保険の財源として，より多くの税金（公費）が投入されることで，社会保険の負担の逆進性が緩和されていきます。

　たとえば，基礎年金の財源をすべて消費税で賄うという改革が行われるならば，負担の逆進性は消え，負担は生涯所得に対して比例的になります。確かに，消費税率の引き上げが必要になりますが，基礎年金の保険料がゼロになりますので，全体としての負担率に変化はありません。低所得者の負担額が軽減される一方で，高所得者の負担額が増加する改革となります。

　税と社会保険料の第3の違いは，社会保険料は自治体の窓口で納付する人が多く，納付しなくてもすぐには制裁を受けないという点です。つまり，社会保険料は未納が起こりやすいという執行面での特徴があります。実際，第1号被保険者の国民年金の未納率の低さは際立ちます（**図表10－2**）。

　その結果，国民年金を受け取れない人が増えると，生活保護の受給者が増

えることになります。図表10－2が示すように，生活保護を受給する高齢者は多く，近年，増え続けています。たとえば，上述のように基礎年金の財源をすべて消費税で賄う改革を行えば，それ以降は**未納・未加入問題**は起こらないことになります。

税と社会保険料の第4の違いは，社会保険料の引き上げのほうが国民的な合意が得やすいという事実です。社会保険の場合，一般に，保険料と給付の関係が明確であるとともに，保険給付が現金給付なので，明瞭性が高いことに理由があると考えられます。一方，税と政府支出の関係は，一般に明瞭でないので，政府支出の面で改善の余地があるのではないかという議論になりやすく，税の引き上げが政治的に難しくなると考えられます。

また，税を財源とする一般会計の場合は**単年度主義**の考え方が強く，税率の引き上げをルール化することが難しい一方，社会保険に関しては単年度主義の考え方が弱いので，保険料の引き上げをルール化することが比較的容易です。実際，そのようなルール化が行われていることも，社会保険料が引き上げられやすい理由の1つと考えられます。

税制と社会保障制度の一体改革では，税と社会保険料の違いをよく理解した上で，公平で効率的で安定的な財源確保の仕組みを考えることが重要です。

図表10－2 ▶▶▶ 国民年金納付率と生活保護受給世帯

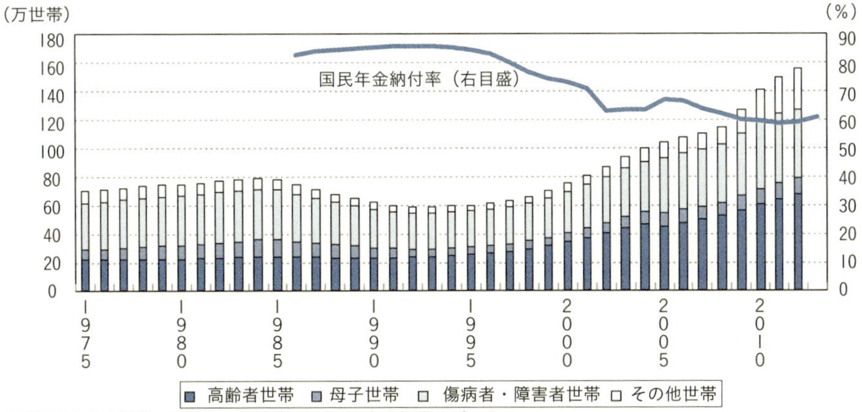

出所：国立社会保障・人口問題研究所および日本年金機構のデータ。

3.2　所得控除・税額控除・給付

　次に，公平な社会を実現するための仕組みという観点から，税制と社会保障制度の違いについて，理解を深めたいと思います。

　実は，現在の日本の税制で所得再分配を実施する方法は限られています。まず，税制ができることは，所得や資産が高い人から，多くの税を集めることです。公平性の観点からは，所得が低い人や恵まれない人の状況を改善することが重要と考えられますが，その点で，税制にできることは，**所得控除**と**税額控除**を使って，非課税にすることや納税額を軽減することだけです。

　ただし，理論的には，**課税最低限**以下の所得の人たちに対しても，税額控除を行い，恵まれない状況を改善することは可能です。第7章第1節で紹介した**給付付き税額控除**という仕組みは，海外ではすでに導入されていて，恵まれない人たちの状況を改善することに貢献しています。

　所得控除と**税額控除**の違いに関しては，第9章**2.1**項で紹介したように，所得控除は所得が高い人ほど負担の軽減額が大きくなるという点にあると考えられます。しかし，同じ構造は，（給付付き税額控除のように）税額控除額を所得に応じて変化させる仕組みとすることで，税額控除でも実現できます。本質的な差はないと考えられます。

　一方，現在の日本の社会保障制度ができることは，**給付**を通じて，恵まれない人の状況を改善することです。さらに，社会保険料の負担ルールを変更することで，実は所得や資産が高い人に多くの負担を求めることも可能です。また，企業にも社会保険料の負担を求めていますので，税制の中の特に直接税でできることは，社会保障制度の中でも実現できそうです。

　つまり，税制と社会保障制度ができることは，実質的には差はありません。違いは，名称の差と，制度や政策の背後にある理論や歴史の差です。たとえば，低所得者の支援を目的とする給付付き税額控除の仕組みは，海外では税

制に埋め込まれています。しかし，日本では，低所得者向けのさまざまな給付が行われている社会保障制度に取り入れるほうが，受け入れられやすいと考えられます。

言い換えると，名称ではなく，仕組みの本質に注目することが大切だということです。そして，効率的に公平な社会を実現するためには，やはり，税制と社会保障制度を一体的に改革することが重要です。意思決定は政治的に行われることになりますが，行政的には，これまで以上に，財務省と厚生労働省の協調が求められていると言えるでしょう。

4 国税と地方税の税制改革

高齢化や人口減少のスピードは，地域によってかなりの差がありますので，今後，税収の格差が拡大することが予想されます。税収格差を調整する仕組みとして交付税交付金制度がありますが，再分配制度は非効率性も生みます。国税と地方税を一体的かつ継続的に見直していくことが求められます。

4.1 地方政府への税源移譲

現在，地方政府の主な税目としては，市町村では，住民税，固定資産税，都市計画税，都道府県では，住民税，法人事業税，地方消費税があります。税に関しては，中央政府が多く徴収し，交付税交付金制度や国庫支出金を通じて，地方に配分するという財政構造が存在しています。

さらに，国税の中に**地方譲与税**と呼ばれる税があります。これは，国税として徴収されるのですが，その全部または一部が地方政府の財源として譲与されることになっている税です。財源の流れとしては，国税として集められた税収は，交付税の財源とともに「交付税及び譲与税配付金特別会計」という特別会計に入り，地方政府に配分されるのですが，配分のルールは交付税交付金とは異なっています（交付税については第12章**3.2**項で議論します）。

譲与税の対象となる税は，頻繁に見直されています。たとえば，かつては，消費税の税収の一部が消費譲与税として地方譲与税となっていましたが，現在では，地方消費税になっています。また，地方税であった法人事業税の一部が地方法人特別税という国税として徴収されるようになり，地方法人特別譲与税という地方譲与税として，地方に再分配される仕組みが導入されたりしています。これは，地方税としての法人事業税の地域偏在が大きいので，それを再分配する仕組みとして導入されたものです。

このように，近年の国税と地方税の税制改正では，地域間の税収格差を調整することを目的とした見直しが，数多く行われるようになりました。今後，過疎的な地域の人口減少・高齢化が，都市部よりも早いスピードで進行していくなかで，このような改正は，さらに求められることになりそうです。

日本では，1995年に**地方分権推進法**が5年間の時限立法として成立し，その後，地方政府への**権限移譲**や**財源移譲**が進められてきました。特に，地方分権が，都道府県ではなく，地域差が大きい市町村に対して行われてきたため，地域間の税収格差が深刻化する状況になっているとも考えられます。

国税と地方税の税制改革は，地方分権のあり方と連動しており，その調整を行う政府間財源移転制度の改革とも関連しています。さらに，地方分権が，特に社会保障制度と深く関わっていることを考えると，それは，社会保障制度の改革とも関連しています。

たとえば，現在の社会保障制度の仕組みの中で，基礎自治体は非常に重い役割を担っていますが，それを軽減してあげれば，基礎自治体が必要とする財源は大きく減少します。その結果，基礎自治体の税収格差の問題は緩和され，交付金等による再分配を小さくすることもできます。国税と地方税の税制改革もまた，他の財政制度の改革と一体的に行っていくことが重要です。

4.2 地方政府の課税自主権

税をめぐる地方政府と中央政府の関係を考える際に，しばしば出てくる論

点の1つは，地方政府の**課税自主権**をどこまで認めるかという問題です。現在のところ，地方政府の課税自主権は，大きく制約されています。そのような制約をどう考えるべきかという問題です。

地方政府による税の新設に関しては，制約が少しずつ緩和されてきました。**地方税法**に定められる税目（**法定税**）以外に，地方政府が**条例**によって定める税目は，一般に**法定外税**と呼ばれています。従来は，それを定める際には，中央政府の許可が必要でしたが，2000年の地方分権一括法による地方税法の改正により，中央政府の同意を要する**協議制**に改められました。

その後，既存の法定外税について，税率の引き下げ，廃止，課税期間の短縮を行う場合に総務大臣への協議・同意の手続が不要となるなど，地方政府の課税自主権が少しずつ認められるようになりました。しかし，今なお，その新設や税率の引き上げについては，中央政府の同意が必要となっています。

一方，地方税の税率変更に関しては，一定税率，標準税率，任意税率という3つのカテゴリーが定められています。「**一定税率**」のカテゴリーに入る地方税では「地方税法の定める税率によらなければならない」とされます。つまり地方政府による税率変更は全く認められていません。

「**標準税率**」のカテゴリーの場合，「財政上その他の必要があると認める場合は変更可能」とされます。ただし，変更する場合にも一定の制限がある「制限税率あり」のケースと「制限税率なし」のケースがあります。

最後に「**任意税率**」のカテゴリーの場合，標準税率のような税率はないのですが，地方税法の定める税率以下でなければならない「制限税率あり」のケースとそのような制限が全くない「制限税率なし」のケースに分かれます。

多くの地方税が，一定税率または標準税率（制限税率あり）のカテゴリーに入っていますが，標準税率（制限税率なし）のカテゴリーに入っている地方税も少なくありません。

地方自治あるいは地方分権の観点からは，地方税の税率や新設に関しては，中央政府は可能な限り制限を行うべきではないという議論がありえます。し

かし，第8章第4節で見たように，地方自治体が利己的に行動し始めると，非効率性や不公平な状態に陥ってしまう**租税競争**が発生する可能性が高まります。そして，それは国税の税収にも影響を与えることになります。

どのような税の新設や税率変更を，どれくらい認めるかについては，見直しの余地があると思われます。しかし，地方政府の課税自主権に一定の制約を置くことの必要性については，よく理解しておくことが重要です。

Working
調べてみよう

1. 現在，日本が設けている関税としてどのようなものがあるか，税率も含めて調べてみよう。
2. アメリカで導入された給付付き税額控除の仕組みを調べてみよう。
3. 国民年金の第1号被保険者の昨年の未納率がいくらか調べてみよう。

Check
説明してみよう

1. 消費税は逆進的であるという議論と，消費税は逆進的とは言えないという議論の両方を説明してみよう。
2. 消費税は，労働意欲を低下させる効果を持つことを説明してみよう。
3.* 若年期と老年期の2期間モデルで，予算制約式を考え，消費税は比例労働所得税と等価であり，利子所得には課税しないことを説明してみよう。
4.* 上記3.のモデルを用いて，消費税の引き上げが，（将来の納税への備えとしての）貯蓄を増加させることを説明しよう。

Discussion
議論しよう

増え続ける公債費と社会保障関係費を賄うためには，増税は，個人および法人への所得税で行うべきだろうか，それとも消費税で行うべきだろうか。増税が人々の行動に与える影響，そして公平性を改善する制度としての社会保障制度の存在を意識しながら，議論してみよう。

第11章 政府の借金

Learning Points
▶政府の借金としては，公債の他にもさまざまな公的債務があります。
▶公的債務は，効率性や公平性を改善する道具にもなります。
▶公的債務の累積がもたらす長期的効果についても学びます。

Key Words

国債　地方債　財政破綻　課税平準化　中立命題

1　公的債務

　政府は，税金や社会保険料だけでなく，さまざまな借金をすることで，財源調達を行い，財政支出を賄っています。本節では，政府がどのような形で借金をしているのかを整理し，公的債務が維持可能となるための条件について，概観します。

1.1　公的債務の分類

　日本では，高齢化の深化とともに，社会保障給付を中心とする政府支出が急速に増加してきました。その一方で，税金や社会保険料の引き上げに対する国民の反対は根強く，巨額の借金によって財政運営が行われてきました。
　政府が借金をして財政運営を行うとき，政府は，一般に**国債**や**地方債**などの**公債**を発行します。さらに，政府は，年金などのように，将来にわたって一定の支払いを行うという約束をしている場合があります。そのような約束

をすることは，実は債務を負うということです。そのような債務も含めて，以下では**公的債務**と呼びます。

まず，中央政府が発行する**国債**に関して，日本の**財政法第4条**は，次のように定めています。「国の歳出は，公債又は借入金以外の歳入を以て，その財源としなければならない。但し，公共事業費，出資金及び貸付金の財源については，国会の議決を経た金額の範囲内で，公債を発行し又は借入金をなすことができる」。

少し硬い表現ですが，公債発行や借入金による財源調達が認められるのは，公共事業費，出資金および貸付金の財源のみということです。この法律を根拠に，政府は**建設国債**（**4条公債**）と呼ばれる国債を発行してきました。しかし，1965年度の補正予算では，財源不足が明らかになり，財政法で認められていない赤字を賄うための公債の発行を認める1年限りの**特例公債法**が定められ，いわゆる**赤字国債**（**特例公債**）が発行されることになりました。

その後，約10年間，赤字国債が発行されることはなかったのですが，1975年度に再び特例法が制定され赤字国債が発行されました。そして，それ以後，1990年度から1993年度の4年間を除いて，毎年，特例法が定められ，赤字国債が発行され続けてきました（図表11-1）。

図表11-1  **国債累積の歴史**

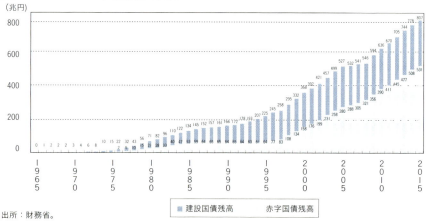

出所：財務省。

この歴史は，借金を禁じる法律が定められても，その後の政府が，新しい法律を作ることで，政府はいくらでも借金できるという現実を示しています。

　地方政府が発行する公債は，**地方債**と呼ばれています。地方政府の財源に関しては，上記の財政法第4条と同様の内容を定めた**地方財政法第5条**があります。そこで公債発行が認められているのは，公営企業の経費や建設事業費の財源などです。地方政府に対しては，中央政府からの財源移転が行えますので，地方政府が赤字を賄うための公債を発行することはなかったのですが，2001年度以降，財源不足を賄う**臨時財政対策債**（通称：**臨財債**）が発行されるようになりました。

　地方債の残高は，国債と比べると低い水準に抑えられています。これは，地方債の発行は，地方政府が自由に決められるわけではなく，中央政府が厳しいルールを定めて制限していることが一因です。地方分権の推進のなかで，そのような制限は少しずつ緩和されてきましたが，特に財政の健全性が低い自治体に対しては，公債発行に厳しい制限が設けられています。

　公債以外の公的債務として重要なのが，特別会計での借り入れ，年金債務，PFIなどで約束した将来の支払額です。第3章で紹介したように，特別会計では，財政投融資制度からの借り入れや，市場での借り入れを行っています。また，特別会計の1つである年金事業では，将来支払いを約束している年金給付があり，その現在価値は，**年金債務**と呼ばれています。

　さらに，近年，政府部門の公的債務が増加し，厳しい財政状況にあるなかで，民間事業者に資金調達を行ってもらって公共資本を整備する**PFI**（Public Finance Initiative）と呼ばれる手法で，公共資本整備が行われるようになってきました（第14章第4節を参照）。事業を運営する民間事業者が市場で事業収入を得る独立採算型の事業もありますが，建設費や運営費を，政府が将来の一定期間にわたって支払うという契約を結んでいる事業もあります。後者の場合は，政府部門は実質的に債務を担っていることになります。

このように，公債発行以外の形で政府が借金をするケースは少なくなく，公的債務は，国債と地方債の合計額よりも高い水準にあります。ただし，その評価の際には，注意が必要です。たとえば，特別会計では，借り入れが行われていたとしても，長期的な事業収入が期待される事業も少なくありません。その場合には，将来得られる収入の現在価値は資産です。そのような資産の裏付けがある場合，借り入れを過度に心配する必要はありません。

公的債務の場合も，重要なのは，債務から資産を差し引いた**純債務**です。たとえば，巨額の年金債務が存在していても，年金の積立金や将来の保険料収入が存在します。公的年金の純債務が発生しないように，年金事業の運営が行われているのであれば心配する必要はないでしょう。2004年に年金制度の大改革が行われたのは，公的年金の純債務は500兆円を超えているという推計結果が出てきたからでした。

1.2　公的債務の維持可能性

実は，公債に関しても，今後継続的に得られる税収を資産と考えれば，心配する必要はないと考えることができそうです。実際，公債の利払・償還のための財政黒字を将来十分に得られると判断されるのであれば，公債の価格が暴落するといった事態は起こりません。

しかし，公債残高が大きくなるほど，将来引き上げなければならない税負担や削減しなければならない政府支出は大きくなります。それが経済活動に与える影響やそれへの政治的な抵抗を考えると，政府は公債の利払・償還を行えなくなり**債務超過**に陥ると判断される瞬間が来ることになります。

これが，**財政破綻**と呼ばれる状況です。公的債務（純債務）は，今後，政府がどれくらいの財政黒字を生み出さなければならないかを示す指標であると考えることができるでしょう。この点を，近年特に注目されている基礎的財政収支という概念を用いて説明しておきます。

まず，財政の維持可能性とは，長期の**政府の予算制約**が満たされることで

す。具体的には、以下の式が成立する必要があります。

　現在の公的債務＝将来の基礎的財政収支の総計の割引現在価値

　ここで、**基礎的財政収支**（PB_t）は、「税収 － 一般歳出」によって定義されます。今後長期間にわたって、増税と歳出削減でプラスの基礎的財政収支を生み出し、その黒字分で公的債務を返済できると判断されれば、財政破綻は生じないと考えられます。

　この条件式は、政府の長期の予算制約式を表していますが、それによって、現在の公的債務の維持可能性を判断するといったことができるわけではありません。このような観点からは、次のような議論が有用です。

　まず、政府の永続性を前提にすれば、債務返済の原資は税金であり、そのベースとなるのは国民の総所得です。公債残高が総所得に占める割合が安定的であれば、維持可能性は高いと考えられます。そこで、t 年の公債残高（B_t）の総所得（Y_t）に占める割合 $b_t (= B_t / Y_t)$ が、時間を通じて増え続けなければ、公的債務の維持可能性があると考えることができそうです。

　そのための条件が、基礎的財政収支と関連付けて議論されるようになりました。具体的には、基礎的財政収支がゼロ（$PB_t=0$）のとき、公的債務が総所得に占める割合（b_t）は、利子率 r が成長率 g より大きい（$r>g$）ならば発散し、利子率が成長率以下（$r \leq g$）ならば発散しないという結果です。ここで発散というのは、比率 b_t が増加し続けるという意味です。

　証明は簡単です。$PB_t=0$ のとき、財政赤字 $=rB_t$ ですので、公債残高の成長率は $rB_t/B_t = r$ となります。一方、国民所得の成長率は g です。したがって、$r \leq g$ ならば b_t は収束し、$r>g$ ならば b_t は発散するということです。

　残念ながら、経済成長の理論や長期的なデータは、一般に $r>g$ が成立する可能性が高いことを示唆しています。したがって、財政を維持可能なものとするためには、$PB_t=0$ とするだけでは不十分で、基礎的財政収支の黒字化が必要であるということになります。

2 公的債務と公平性

　公債とは，税負担の将来への先送りを可能にする道具です。負担の先送りは，将来世代の財産を奪うことになりますので，それは不当な行為であると考えられることは少なくありません。しかし，公債という道具を上手に使うことで，公平性や効率性を改善できる場合も少なくありません。まず，公平性の観点から考えてみます。

2.1　公的債務と応益原則

　財政法4条では，**建設国債**の発行は許容されています。これは，便益が長期にわたる公共資本に関しては，将来世代にも便益が及びますので，公債を活用することで，負担を将来世代にも求めることが可能になるからです。逆に，均衡予算を維持しようとして，公共資本の整備のための負担を現世代のみに求めると，現世代に過大な負担が発生します。

　このように，建設国債の発行は，**応益原則**の観点から正当化できます。ただし，応益原則の観点から再度考えてみると，いくつか考慮すべきことがあります。第1に，建設国債を発行して整備する公共資本の便益が本当に長期に及ぶか否か，十分検討されるべきです。将来ほとんど使われないと思われる資本を整備して，負担だけ将来世代に求めることは公平とは言えません。

　第2に，将来世代に便益が及ぶのは，公共事業だけではないだろうということです。たとえば，子育て支援や教育は，将来の日本社会を担う人を育てて，**人的資本**を高める投資です。その便益は，将来世代にも及ぶと考えられます。目に見える公共資本の建設のみに公債発行が許されるのであれば，物的公共資本への投資が過大になってしまう可能性があります。

　日本の財政法4条で，**赤字国債**の発行が認められていないのは，将来世代が便益を受けられない支出を行い，その負担を将来世代に求めることは公平

とは言えないからです。しかし，日本政府は，赤字国債の発行を続けてきました。赤字国債の一部は，上述のように目に見えない資本の蓄積に用いられ，公平性の観点から正当化できるのかもしれません。しかし，第7章で見たように日本政府の子育て支援や教育のための公的支出は，他の先進国と比べて極めて低い水準にありました。どの程度正当化できるかは疑問です。

2.2 公的債務と応能原則

応能原則の観点からは，**世代間の所得再分配**を行うために，公的債務を使うことが正当化できます。たとえば，経済発展の前後では，国民の厚生水準が大きく異なります。公的債務を用いて貧しい時代に生まれた世代に給付を行い，豊かな世代に負担を求めることで，世代間の**垂直的公平性**を実現できます。たとえば，経済発展の過程で賦課方式年金を導入することは，このような公的債務（年金債務）を活用した世代間の再分配とも考えられます。

また，戦争，大規模な自然災害，あるいは大不況などは，特定の世代の厚生を引き下げる可能性があります。その損失を公債発行で賄うことは，世代間の公平性の改善という観点から正当化できます。さらに，**世代間のリスク・シェアリング**の観点から，つまり効率性の観点からも正当化されます。

ただし，定期的に発生する大きな損失に対して，公債を用いて**世代間の所得の平準化**を図る場合，損失からの回復期には公債を返済し，公債残高は，変動はあっても長期的に安定する必要があります。

日本で，公的債務が急速に蓄積したのは，バブル経済が弾けて赤字公債の発行を再開した1994年以降のことです。たとえば，1994年に約64兆円だった赤字国債残高は，20年後の2014年には約508兆円になりました。2014年度の国税収入は約50兆円ですので，その約10倍の借金を赤字国債の形で蓄積してしまったのです。

確かに，1990年代から2000年代にかけては，「失われた20年」とも言われ，日本は不況期にあったとされます。赤字公債が継続的に発行されるよう

になった1975年から40年以上が経過しますが，その間，赤字公債の残高が減少したのは5年間だけで，その5年間で減少した額もわずか約4兆円です。

　明るい日本の未来が予想されていたのであれば話は別ですが，すでに日本では，人口減少と急速な高齢化が予測されていました。そのような状況で，これだけの赤字国債を累積させたことは，世代間の所得の平準化という観点から正当化することは難しいと考えられます。日本では，赤字国債を発行していくらでも借金ができるという環境の下で，税負担を将来世代に先送りする手段として，公債発行が使われてきたと考えられます。

　ところで，財政赤字や公債残高は，「世代間の不公平性」の指標としては，不完全です。公債を全く発行しなくても，たとえば，若年世代から高齢者世代への不当な所得移転を行うことで，世代間の不公平性は簡単に作り出されるからです。世代間の公平性を測定するためには，各世代が政府部門から受ける純便益を計算する**世代会計**を見ることが必要となります。

　第3章で紹介した日本の世代会計の推計（**図表3－6**）では，経済成長の前に生まれて戦争という厳しい時期を生きてきた高齢者世代と，平和と経済成長を享受してきた若年世代の間の差は，「世代間の垂直的公平性」という観点から，ある程度正当化できそうです。しかし，若年世代内での世代会計の差については，その差を正当化するような議論を見出すことができません。

　それは，「世代間の垂直的公平性」の観点からも「世代間の所得の平準化」の観点からも正当化することが難しく，やはり日本では負担を将来世代に先送りする手段として公的債務が使われてきたと考えざるをえません。どの程度の再分配が正当化されるかは難しい問題ですが，今後，世代会計に見られる世代間格差を減らしていくことが，公平性の観点からは必要です。

　戦後生まれで，経済成長や社会保障の恩恵を受けている世代は，すでに年金受給者になっています。高所得の年金受給者にも公的債務の返済のための負担を行ってもらうためには，たとえば，所得税の中で高い水準に設定されている年金所得控除の引き下げや，消費税の引き上げなどが有効と考えられるでしょう。

3 公的債務と効率性

公債は，人々の財産を奪う課税を将来に先送りする手段ですので，税と同様に，まず公平であることが求められるでしょう。しかし，それが公平性を大きく損なうものでなければ，効率性を改善するために用いることは許されるでしょう。公債が効率性を改善する可能性について紹介します。

3.1 リスク・シェアリング機能

公債が持つ第1の効率性改善効果は，すでに公平性との関連で指摘した**世代間のリスク・シェアリング**機能です。社会保険に関する議論の中で紹介したように（第7章），私たちは一般にリスクを嫌い，安定した生活を望みます。

市場にはさまざまな保険商品がありますが，市場の失敗のために，市場では供給されない保険も数多くあります。生活保障の観点から特に重要と考えられる保険については，社会保険が生み出されてきたことも説明しました。

実は，民間保険が提供されにくいリスクが他にもあります。大地震，大規模災害，戦争，大不況など，大きな損失が極度に低い頻度で発生するリスク（**テールリスク**とも呼ばれます）です。保険会社は，一般に，損失の発生頻度が高いリスクをプールすることで，保険金の支払いを安定させ，安定した利益を得ます。一方，100年に一度といった低い頻度で大きな損失が発生するリスクは，それをプールして支払いを平準化することが難しいため，保険商品が提供されにくいリスクです。

さらに，戦争や大不況などの場合，損失が広域的に発生するという特徴があります。この場合，発生頻度が多い場合でも，さまざまな場所とタイミングで発生する損失をプールすることで支払いを安定させることが難しくなります。その結果，民間保険市場で商品が提供されにくいリスクとなります。

そのようなリスクに関しては，政策的対応が期待されます。たとえば，**地震保険**は，民間保険会社が負う地震保険責任の一定額以上の巨額な地震損害を，政府が**再保険**することで成り立っています。地震保険や**失業保険**などは，公的保険の創設によって対応する手法です。しかし，その損失の範囲が幅広く及ぶ場合には，公的債務を活用したリスク・シェアリングを行うことで，人々に「保険」を提供することが可能になります。

たとえば，戦争の費用や損失を，公債発行によって賄えば，その負担を後の世代と共有することができます。また，大不況に関しては，第 5 章第 **3** 節で紹介したように，公債発行による減税や公共投資を行うことで，大不況の発生を抑えたり，大不況からの回復を促したりすることができます。不況に関しては，公的な失業保険で，ある程度対応可能ですが，自営業者や農家などは，加入できる雇用保険がありませんので，政府は比較的小さな不況にも，公債発行を行って景気を下支えするという対応を行ってきました。

そのような政策は，その後，公債を償還するという対応が行われるならば，リスク・シェアリング機能として正当化できます。しかし，残念ながら日本の政府はそのような対応を行ってきませんでした。

今後，首都直下地震や南海トラフ地震が確実に発生することが予想されています。リスク・シェアリングの観点からは，震災からの復興に必要な財政支出のために積み立てておく必要があります。少なくとも，公的債務を減らしておくことが必要ですが，そのような対応は行われていません。

震災等からの復興のために大きな財政負担が必要になった場合，全国的な増税で賄うという手法も考えられます。東日本大震災からの復興でも，この手法が用いられました。この場合，地震の被害を受けなかった地域の人たちが薄く広く負担し，被害を受けた人や地域の損失を補填しますので，**地域間のリスク・シェアリング**の仕組みと考えられます。しかし，それが可能なのは，災害の影響が全国に及ぶ程度が小さい場合に限られるでしょう。

なお，民間資本に関しては，地震保険で損失の補塡が行われますが，被害を被ることが多い公共資本に関しては，一般に地震保険がかけられていません。公共資本も地震保険に加入すれば，地震発生時には保険金で再建することが可能になりますが，一般には，そのような対応も行われていません。

地球温暖化に伴い，今後，異常気象による大規模な自然災害も増えていくことが予想されています。巨額の公的債務の累積は，将来世代が直面する自然災害のリスクへの対応を難しくすることを，よく理解しておきましょう。

3.2 課税平準化

効率性の観点からは，均衡財政を実現するために必要な税率の変動を，公債を活用して抑えることで，課税に付随する死重損失（非効率性）を小さくできることも知られています。

簡単な所得税の例で説明してみましょう（**図表11－2**）。景気変動のために，総所得は隔年で200と400になると想定します。財政支出は固定的で，毎年120であると仮定します。**均衡財政**を維持する場合，税収も毎年120に設定する必要があります。総所得は変動していますので，可処分所得は，隔年で80と280となり，総所得の変動よりも大きな変動になってしまいます。

さらに，税収を維持するためには，所得税の税率を変動させる必要がありますが，**図表11－2 Ⓐ**のケースでは，税率は隔年で0.6と0.3に設定する必要があります。問題は，このように税率を変動させると非効率性が大きく

図表11－2 ▶▶▶課税平準化の効果

					平均
総所得	200	400	200	400	300
税収	120	120	120	120	120
可処分所得	80	280	80	280	180
税率	0.6	0.3	0.6	0.3	0.45
死重損失	0.36	0.09	0.36	0.09	0.225

Ⓐ

Ⓑ

なってしまうことです。税の死重損失は，近似的に税率の2乗に比例しますので，税率を t とすれば at^2 のように書くことができます。**図表11－2Ⓐ**では，比例係数を $a=1$ と仮定して，死重損失を計算した結果を示しています。

ここで，赤字公債の発行を許容すれば，均衡財政にこだわらなくてもよくなります。平均所得は300ですので，120の財政支出を賄うために，税率を0.4にすればよいことがわかります。このとき，可処分所得の変動を計算してみると，均衡財政のときよりも小さくなり，所得変動のリスクを緩和できることがわかります。

さらにここで強調したいのは，このときの死重損失が0.16となり，均衡財政の下での死重損失の平均値0.225よりも小さくなるという事実です。その理由は，横軸に税率（t）をとり，縦軸に死重損失をとった**図表11－2Ⓑ**を使って説明できます。死重損失（t^2）は，税率が高くなると級数的に増えますので，均衡財政の下で税率が変動する場合，税率が高くなる年が出てきてしまい，それが，平均の死重損失を押し上げる要因になっていることがわかります。

赤字公債を用いることで，課税の平準化が可能になり，課税の非効率性が低下します。さらに，可処分所得変動を緩和することも可能になります。このような課税平準化による効率性の向上が，赤字公債の最も重要な役割の1つと考えられています。公債発行を認めず，均衡財政にこだわることは，あまり賢い選択とは言えません。

赤字公債は，一定の公平性を確保しながら効率性を高める役割を果たし得るにもかかわらず，日本の財政法4条は，その活用を認めない法律になっています。その法律が40年以上，上書きされてきました。たとえ，上書きされることになるとしても，規範となる財政法を，よりよい財政運営が可能になるように書き換えることも検討されるべきです。合理的な法律であれば，上書きされる可能性を低めることにも貢献するでしょう。

4 公的債務の長期的効果

公的債務には、公平性および効率性の観点から正当化される使い方があります。しかし、実際には、税負担を将来世代に先送りする手段として用いられてきた可能性は高いと考えられます。そのような公債の累積は、どのような長期的効果を持つのかを考えてみます。長期的な観点からは、これまで考慮しなかった効率性や公平性に与える効果があることも議論されてきました。

4.1 クラウディング・アウト

まず、公平性の観点から、公債が国内市場で発行される**内国債**であれば、将来の負担にはならないというアメリカの経済学者ラーナー（A. Learner：1903 – 1982）の議論あります。その説明として、夫が妻に借金をする例えが用いられます。この場合、家庭内で使える資産に変化はありません。これに対して、外国債の場合には、夫が家庭の外で借り入れることに例えられます。この場合は、返済時点で、家庭から資源が流出してしまうため、負担が発生してしまうことになります。

同様に、政府が内国債を発行し、国民から借り入れを行っても、将来、国内で使える資産に変化はないはずというのが、ラーナーの議論です。借金を積み上げても、国内での借り入れなら、将来の人たちに負担を残すことはないという議論は、魅力的な議論です。しかし、3つの点で注意が必要です。

第1に、**将来時点の負担**と**将来世代の負担**を区別して議論することの重要性です。確かに、内国債なら、将来の返済時点で、税で徴収する一般国民の財産は、公債保有者に移転されるだけですので、国内で利用可能な資源量に変化はありません。その意味で、将来時点の負担にはなりません。しかし、誰が税を負担するかと言えば、将来世代です。したがって、たとえ内国債で

あっても，公的債務の累積は，将来世代の負担となります。

第2に，公債で得た財源の使い方に注意が必要です。家庭の例えで言えば，夫が妻から借りた1,000万円を消費に使ってしまう場合と，家庭の資産を増やす投資に使う場合を比べてみると，将来時点で使える資源が異なります。公債で得た財源を消費的支出に向けてしまうと，資産蓄積につながる民間投資を低下させることになります。このように公債発行が民間投資を押しのけてしまう効果は，**クラウディング・アウト効果**と呼ばれています。それは，長期的に，国内で使える資源を減らしてしまうことになります。

第3に，グローバル化された経済では，公債が内国債として国内市場で発行されたとしても，外国人も購入可能です。したがって，ラーナーの議論における内国債と外国債の区別は，もはや，あまり重要ではないと考えられます。ただし，外国債の場合，為替レートの変化により，利払・償還額が変化しますので，返済のリスクが大きくなってしまう点には注意が必要です。

なお，公債発行が公共資本の蓄積に用いられる場合，それが生産のために有用な資本であれば，民間投資も促される効果（**クラウディング・イン効果**）が発生し，国内で使える資源を増やす可能性があります。また，第5章第4節で紹介した経済成長のモデルでは，実は，民間資本が過剰に蓄積されてしまう可能性があることが知られています。その場合，公債発行を使って，わざと民間資本をクラウド・アウトする（押しのける）ことで，最適な成長の実現が可能になるといった効率性の観点からの議論も行われています。

4.2 公債発行の中立命題

公債発行が，経済に対して長期的な影響を与えるという議論を行ってきましたが，公債発行による減税は，短期にも長期にも経済に対して全く影響を与えることはないという主張があり，**中立命題**と呼ばれています。

たとえば，公債発行により1人当たり10万円の減税が行われたとしましょう。簡単化のため，1年後に利払いと償還のための増税が行われると仮定

してみます。いま，公債の利子率を r（たとえば 0.1）とすれば，増税額は $(1+r)10$ 万円となります。ここで，合理的な個人は，その増税に備えておこうと考えるでしょう。

いま，もし，減税額 10 万円を利子率 r で預けておけば，1 年後に受け取れる額は，予想される増税額に等しくなります。つまり，減税が行われても，1 年後に利払いと償還のための増税が行われるのなら，生涯にわたる所得が減税によって増えるわけではないということですね。

増税がずっと先の話であっても，生きている間に行われるのであれば，生涯にわたる所得が増えるわけではないという事実は変わりません。生涯にわたる所得が変化しないのであれば，合理的な個人は，減税されても，それを消費することはなく，将来の増税に備えて貯蓄をするでしょう。実は，この貯蓄の増加が市場で売り出される公債を吸収することになりますので，公債発行は民間投資をクラウド・アウトすることもありません。

したがって，公債発行による減税で，短期的に消費が増えることもなく，長期的に資本蓄積が影響を受けることもありません。これが，イギリスの経済学者リカード（D. Ricardo：1772 − 1823）が指摘した**「リカードの中立命題」**と呼ばれる結果です。

その後，アメリカの経済学者バロー（R. Barro：1944 −）は，課税が生前に行われない場合でも，一定の仮定の下で，同じ現象が発生するということを指摘しました。その仮定とは，人々が自分の子どものために遺産を残すという仮定です。

いま，増税が，自分の子どもの世代に対して行われるとしましょう。私たちが遺産を残すのは，子どもたちのことを愛しているからであり，子どもたちが増税の負担を強いられるなら，その分も遺産に上乗せすると考えられるのです。孫の世代に増税が行われる場合でも，子どももその子（孫）のことを愛しているはずですので，減税分を遺産に上乗せして子どもに相続すれば，子どももその分を孫への遺産に上乗せして相続すると予想されます。

このような遺産を通じた減税分の相続が起これば，実は，**世代間の不公平性**も全く発生しないことになります。増税されても，それを支払うために必

要な資産は，減税を受けた世代から相続されてきているはずだからです。したがって，この場合には，効率性の観点からも公平性の観点からも，減税のための公債の累積は全く問題ないことになります。

しかし，**リカード・バローの中立命題**の議論が成立するための条件は，かなり厳しいものです。たとえば，次のような条件が必要です。

(1) 各個人の直面する利子率と政府の直面する利子率が等しい。
(2) 個人の借り入れ利子率と預金利子率が等しい。
(3) 死重損失を伴わない定額税が行われる。
(4) 各個人には遺産を残す子どもがおり，しかも子どもが支払わなければならない税のために遺産額を調整する（バローの中立命題のための仮定）。

いずれかの仮定が成立しない場合，公債発行は資源配分に影響を与えると考えられます。たとえば，ある個人が高い金利でしか借り入れられず，借り入れ制約（**流動性制約**とも呼ばれます）がある場合を考えてみます。このとき，政府が公債発行により借り入れを行い減税することは，個人に代わって安い金利で借り入れを行ってあげることを意味します。その結果，予算制約が緩和されますので，消費の増加が期待されます。

借り入れ制約に直面している個人に対して，公債発行による減税を行うことは，流動性制約という市場の失敗を緩和し，効率性を改善する道具にもなることが示唆されます。また，政府が景気拡大効果を期待するのであれば，減税は，一般に借り入れ制約に直面していることが多い低所得者を中心に行うことが有効であることも示唆しています。

その一方で，たとえば(4)の条件が成立せず，減税を受けた世代の予算が拡大する場合は，恩恵を受けた世代の厚生が上がり，将来世代の厚生が減少するので，世代間の不公平がもたらされることになります。

Working　　　　　　　　　　　　　　　　　　　　　　　調べてみよう

1. 過去に財政危機に陥った国を調べて，財政危機によってどのような社会問題や政策的対応が発生したか調べてみよう。
2. 昨年度の国債残高は，国の税収の何倍に相当するか調べてみよう。

Check　　　　　　　　　　　　　　　　　　　　　　　説明してみよう

1. 公平性を改善するための公債発行とはどのようなものか説明してみよう。
2. 効率性を改善するための公債発行とはどのようなものか説明してみよう。
3. 基礎的財政収支の定義と重要性を説明してみよう。
4. （日本が財政破綻していた場合の問題）日本が財政破綻に陥ることになった本質的理由について考え，説明してみよう。
5.* 若年期と老年期の2期間モデルで，中立命題を説明してみよう。また，流動性制約がある場合は，中立命題は成立しないことを説明してみよう。

Discussion　　　　　　　　　　　　　　　　　　　　　議論しよう

現在の巨額の国債残高を，人口が減少し続ける日本の国の税収で今後返済することはできるのだろうか。借金を返済するために日本政府が取るべき戦略はどのようなものだろうか。さまざまな戦略を検討しながら，議論しよう。

第 IV 部

良い政府の作り方

第 12 章
地方分権

第 13 章
政治の仕組み

第 14 章
公民連携

第12章 地方分権

Learning Points
- ▶日本では，中央政府よりも地方政府のほうが歳出面では大きくなっています。
- ▶中央政府から地方政府への財源移転の仕組みについて理解します。
- ▶地方分権のメリットとデメリットを理解し，その望ましいあり方を考えます。

Key Words
地方財政　地方分権　足による投票　政府間財政移転　道州制

1 地方財政の仕組み

　日本では，歳入面では中央政府のほうが大きいのですが，歳出面では地方政府のほうが大きくなっています。地方財政の仕組みを概観してみましょう。

1.1 地方政府の歳出・歳入

　ほとんどの国で，中央政府以外に，地方政府が存在します。それはなぜでしょうか。おそらく，住民に身近なサービスを提供することを目的とした政府があったほうがよいと考えられるからでしょう。

　実際，**図表12－1**によれば，市町村では，住民の身近なサービスのための支出である民生費，衛生費，教育費，土木費が大きな割合を占めています。都道府県でも，教育費，土木費，民生費などが大きな割合を占めています。

　一方，**図表12－2**によれば，税収に関しては，市町村では，応益課税の性格が高い住民税，固定資産税・都市計画税などが占める割合が極めて大

図表 12 − 1 ▶▶▶ 地方政府の歳出（2013 年度の例）

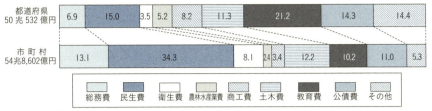

出所：総務省『地方財政の状況（2015 年 4 月）』第 12 図（16 頁）。

図表 12 − 2 ▶▶▶ 地方政府の歳入（2013 年度の例）

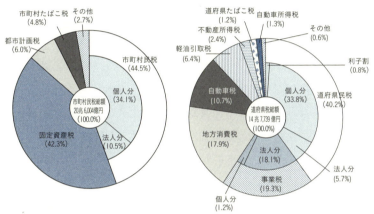

出所：総務省『地方財政の状況（2015年4月）』第28図（43頁），図30（44頁）をもとに筆者作成。

きくなっています。都道府県でも，住民税，法人事業税，地方消費税などが占める割合が大きくなっています。

1.2　中央政府と地方政府の役割分担

　確かに，地方政府は，一般に住民に身近なサービスを提供しています。しかし，ある意味で，ほとんどのサービスが住民に身近なサービスとも言えます。実際には，市町村，都道府県，国という3つのレベルの政府が，それぞれ住民に身近なサービスを提供しています。たとえば，道路は身近な公共財ですが，国道，県道，市道のように，それぞれのレベルの政府が提供しています。教育も身近なサービスですが，多くの公立学校は，小中学校は市町村，

高校は都道府県，大学は国や都道府県が責任を担っています。

このように類似したサービスが，異なるレベルの政府によって提供されているのはなぜなのでしょうか。住民に近いサービスは地方政府がすべて供給することが望ましいのでしょうか。それとも，適切な役割分担があるのでしょうか。これらの疑問に答えるために，第 2 節以降では，歳出面での地方政府への**分権化**のメリットとデメリットについて考えてみます。

政府の活動に関しての役割分担が，ある程度明確になったとしても，その歳出のための財源を，どのレベルの政府が負担するかは，また別の問題です。

たとえば，貧困世帯への支援は，住民に近いサービスの 1 つで，基礎自治体が提供することが望ましいと考えられます。しかし，そのための財源を自治体が負担しなければならないとすれば，望ましいサービス供給が行われない可能性が高くなります。第 8 章 **4.2** 項で議論したように，弱者支援を行う自治体には弱者が流れ込み，財政支出が増え，税を引き上げざるをえなくなるからです。

この場合，所得再分配の要素が大きい公共サービスの費用は，中央政府が支払うことで，望ましい社会を実現することができます。**サービス供給**における役割分担と**財源調達**における役割分担は，別々に考えてみることが重要です。しかし，歳出と歳入にギャップが存在する場合には，**政府間財源移転**の仕組みが必要になります。

第 3 節で紹介する政府間の財源移転の仕組みは，他の政府の財源にただ乗りしようとするモラル・ハザード行動を引き起こし，非効率性を生んでしまうことが知られています。たとえば，弱者支援のための支出が，中央政府からの財源で賄われるならば，地方自治体は過剰な弱者支援を行う可能性が生まれます。第 4 節で議論するように，サービス供給と財源調達における望ましい役割分担は，そのような政府間財源移転の問題を踏まえた上で，決める必要があります。

2 地方分権の特性

まず，地方分権の特性について理解することから始めましょう。

2.1 足による投票

地方分権の特徴の1つは，多様な地方政府が生まれることです。その結果，国民が地方政府の政策を見て**居住地選択**を行う可能性が生まれます。たとえば，子育て世帯が，保育所が不足して入所できない自治体から，保育所に入所可能な自治体に移り住むといった行動です。アメリカの経済学者ティブー（C. Tibout：1924 − 1968）は，よりよい地方政府を求めて住民が移動することを，**足による投票**と呼びました。このとき，2つのよい効果が生まれることが指摘されてきました。

第1に，地方政府が公共財供給の効率性を高めようとする行動が期待されます。第2に，同じような選好を持つ住民の住み分けにより効率的な公共財供給が行われる可能性が期待されます。たとえば，足による投票がなければ，各自治体に文化施設（美術館など）と運動施設（スタジアムなど）の両方が整備されていたかもしれませんが，人々の足による投票を前提とすれば，いずれか1つの施設を作ることで，文化施設を好む人と運動施設を好む人に**住み分け**が行われ，人々の満足度を落とすことなく，全体として少ない費用で効率的な公共財供給を行うことができるようになるということです。

ただし，自治体間の競争が常に効率性を高めるとは限りません。第8章第**4**節の「**有害な租税競争**」で見たように，より低い税負担を好む納税者を呼び寄せるために，福祉サービスの低下が起こったり，公共施設等への過剰な投資が行われたりする可能性もあるということに，注意が必要です。

特に，現在の日本のように，人口が急速に減少している状況では，自治体も生き残りをかけて，他の自治体との競争を行うことになるでしょう。その

ような地方政府の戦略的行動は，足による投票の理論が示唆するように効率化を促すことも期待されますが，有害な租税競争の理論が示唆するように，非効率性を生み出す可能性も十分あります。

2.2 地方政府と中央政府の役割分担

　政府が行う事業としては，非排除性や非競合性の特徴を持つ公共財の供給以外にも，市場の失敗を緩和する政策や行政サービスの提供などがあります。
　以下では，このような事業をすべて**公共サービス**と称して，その供給に関する決定は，どのレベルの政府が担うことが望ましいのかについて考えてみます。日本では，市町村，都道府県，国という3つの異なるレベルの政府が存在します。違いは，対象とする地域の広さです。ここでの問題は，どのように地方分権を進めることが望ましいかという問題でもあります。
　これは，民間企業でも考えなければならない問題ですね。すべての意思決定を本社が行うことが望ましいとは言えず，工場や支社などの現場に意思決定を委ねるほうがよいことも，たくさんあります。どのように分権化するのがよいのかは，巨大組織である政府においては特に重要な問題です。
　この問題を考える上で，まず紹介しておきたいのが，**分権化定理**です。一般に地方政府のほうが，地域の特性や選好についての情報を中央政府より持っています。したがって，人々に身近なサービスについては，地方政府に権限を与えて，地域の状況に合わせたサービス供給を行ってもらうほうが，中央政府が画一的な供給を行うよりも効率的だという考え方です。
　日本では，この考え方が広く共有され，基礎自治体への分権化が望ましいと考えられているようです。しかし，考えてみると，ほとんどのサービスは個人や企業が享受する身近なサービスです。分権化定理に基づくと，それらはすべて基礎自治体が提供することが望ましいことになってしまいます。
　確かにテーラー・メイドで作られた服はぴったりフィットして心地よいかもしれませんが，一般に価格が高くなってしまいます。ある程度画一的に作られた既製品のほうが，**規模の経済性**を生かして安く提供でき，全体として

図表 12 − 3 ▶▶▶ 公共サービスの広域性と政府の役割分担（概念図）

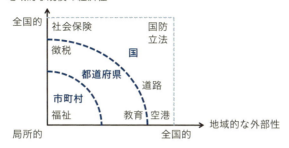

効率的になる可能性が高いと考えられます。

　公共サービスに関しても同様の力が働きます。いくらお金を使ってもよいのであれば分権化は望ましいでしょう。しかし，資源は限られていますので，他の要因も考慮しなければなりません。広域的な供給のほうが望ましいと考えられる要因として重要なのが，事業の「地域的な規模の経済性」と「地域的な外部性」という2つの要因です。事業の**広域性**と呼ぶことができる特徴です（図表 12 − 3）。

　地域的な規模の経済性とは，サービス供給の対象範囲が大きくなるほど，（質を落とすことなく）サービス1単位当たりの費用を低くすることができるという特性です。たとえば，国防サービスは対象を全国とすることでサービス1単位当たりの費用は最小化されるでしょう。社会保険も，規模の経済性が働く事業です。一方，福祉サービスや教育サービスは，一定の規模までは費用は低下しますが，規模が大きくなりすぎると，質が低下しやすく，質を維持するためには費用の上昇が求められます。

　地域的な外部性とは，サービスの便益が地域的に広く及ぶという特性です。国防サービスは，地域的な外部性も非常に大きいと考えられます。教育，警察，消防，防災などの公共サービスは，他の地域にも便益が溢れ出る効果を持つため，公共財の**スピルオーバー効果**を持つと言われます。また，道路や鉄道事業のような交通ネットワークの整備や運営の事業では，ネットワークが大きくなるとネットワーク全体の価値が上昇するという**ネットワーク外部性**と呼ばれる外部性が存在しています。これに対して，福祉サービスや社会

保険は，私的財の性格が強く，外部性もほとんど存在しません。

図表12-3は，この2つの特性によって，どのレベルの政府が意思決定の権限を持つことが望ましいかを示唆しています。まず，地域的な外部性も規模の経済性も大きい国防や立法などは，国が意思決定を行い，供給することが望ましいでしょう。

一方，地域的な外部性も規模の経済性も小さい事業に関しては，基礎自治体に多くの意思決定の権限を与えることが望ましいと考えられます。福祉サービスは，その典型例です。事業の広域性が低い場合には，分権化定理により，住民に身近な基礎自治体に権限を与えて，効率的に供給してもらうことが望ましいと考えられるのです。

ある程度の地域的な外部性や規模の経済性が存在する事業の場合，都道府県や国のような広域的な政府が権限を持つことが望ましいと考えられます。しかし，その程度が限定的なら，**コースの定理**（第7章**4.2**項）が示唆するように，地方政府間の交渉を通じて，**広域連携**により，効率的なサービス供給が行われることも期待されます。したがって，市町村と都道府県の役割分担の境界も，都道府県と国の役割分担の境界も，地方政府間の協力や連携がどれくらい行えるかによると考えられます。

また，政府の間の望ましい役割分担のあり方を考える際には，各事業の広域性のみならず，人々の足による投票と自治体の戦略的行動を考慮した上で，望ましいあり方を考えることが必要です。以上の議論は，概ね次のような中央政府と地方政府の役割分担の望ましさを示唆していると考えられます。

(1) 規模の経済性やネットワーク外部性やスピルオーバー効果などの外部性がある公共財・サービス以外は，基本的に分権化する。
(2) 外部性および規模の経済性が強い公共財については，中央政府が直接供給あるいは外部性を内部化するような仕組みを作る。
(3) 再分配政策（社会保障制度や累進的な税制）の設計に関しては，中央政府が中心的な役割を果たす。
(4) 法人税などに関する租税競争に関しては，中央政府がある程度規制する。

3 政府間財政移転の仕組み

　地方政府と中央政府の関係は，微妙なバランスの上に成り立っています。この関係に最も大きな影響を及ぼすのは，政府間の財源移転の制度です。

3.1 財政移転の分類

　中央政府からの財源移転である補助金制度には，大きく分けて，**一般定額補助金**と**特定定率補助金**という2種類があります。日本では，前者は**地方交付税交付金**，後者は**国庫支出金**と呼ばれています。

　これら2つのタイプの補助金を比較した場合，特定定率補助金は，補助を受ける地方公共財の相対価格を引き下げることになりますので，死重損失が発生しやすいと考えられています。日本でも国庫支出金タイプの補助金を減らしていくべきという議論が行われることは多いのですが，その理由の1つは，このような特定定率補助金の非効率性の問題です。

　これに対して，同額の財源を，一般定額補助金の形で地方政府に渡すと，非効率性が発生せず，地方の住民は，高い水準の効用を実現することができると考えられます。これが，地方交付税交付金のほうが，国庫支出金よりも効率的であると言われる理由です。

　しかし，注意しなければならないのは，公共サービスがネットワーク外部性やスピルオーバー効果といった外部性を持つ場合，外部性の理論が示すように，特定定率補助金のほうが望ましいと考えられるということです。外部性を内部化するような適切な補助率を設定し，最適水準に誘導することが望ましいからです。

　したがって，地域間の公平性を確保するために財源保障を行う場合，一般定額補助金が望ましく，スピルオーバー効果などの外部性を内部化して効率的な公共財供給を確保することが目的ならば，特定定率補助金が有効です。

国庫補助金として支払われていた補助金の多くが，地方分権の推進の観点から地方交付税交付金の形で支払われるようになりましたが，中央政府が期待する支出に実際に用いられるのでしょうか。一般定額補助金であっても，地方政府は中央政府が期待する支出に用いるという効果は**フライペーパー効果**と呼ばれ，その効果が実際にも観察されています。

　しかし，その使途に制約がないのが一般定額補助金ですので，外部性があるような公共サービスの供給が減少してしまうことが懸念されます。本章では，地方分権の推進が必ずしも望ましいわけではないことを明らかにしてきました。外部性がある公共サービスに関しては，ピグー補助金の性格を持つ国庫補助金（特定定率補助金）で補助することが重要です。

　望ましい地方分権とは，地方政府に財源を与えて自由に使ってもらうことではないでしょう。地方政府が権限とともに責任を持って，**地方自治**の実現を目指すことではないでしょうか。このような観点から，地方自治体の財源不足を補塡する**地方交付税交付金制度**は，緻密に設計することが重要です。地方自治体の利己的行動も念頭に置きながら，地域間の不平等を改善する賢い政府間財政移転の望ましい仕組みを考案することが大切です。

　以下では，日本の交付税交付金制度の仕組みを見ていきます。

3.2　交付税交付金制度

　地方交付税には，その大部分を占める**普通交付税**と，自然災害など普通交付税の算定時に予測できない地方歳出の増加に対応するための**特別交付税**があります。以下では，普通交付税を交付税と呼び，その仕組みを説明します。

　交付税は，各地方政府の基準財政需要額と基準財政収入額の差額として与えられます。「基準財政需要額＜基準財政収入額」ならば，交付税は交付されません。交付税が交付される地方公共団体（地方政府）を**交付団体**，交付されない団体を**不交付団体**と呼びます。

　基準財政需要額とは，地方政府が，合理的かつ妥当な水準で事務を遂行するために必要な年間経費の推定値です。歳出項目ごとに，①測定単位，②単

位費用，③補正係数の積として算出され，それらを足し合わせたものが，基準財政需要額です。これは，各地方政府の実際の歳出額ではなく，理論的に必要と考えられる歳出額です。

一方，**基準財政収入額**は，理論的に想定される各地方政府の税収と考えられます。ただし，正確に言えば，地方政府ごとに推計された標準的な地方税収の 75% に，地方政府が受け取る**地方譲与税**を加えた値が，基準財政収入額となります。

基準財政収入額では，標準的な地方税収の 75% だけを計上するので，標準的な税収のうち 25% は地方自治体が留保できる財源となります。このような措置は，標準的な税収を上げる努力を促すためとされています。

各地方政府の地方交付税交付金の総額を賄うための財源は，5 つの国税（所得税，法人税，消費税，酒税，地方法人税）の一定割合を合算したものです。しかし，交付税の総額と財源が一致する保証は全くありません。そこで，財源は，いったん交付税特会（交付税及び譲与税配付金特別会計）に繰り入れられた後，地方政府ごとに算定された交付金が支払われます。

このような仕組みにすることで，交付税の財源が不足する場合，地方財政対策として，①一般会計から交付税特会への加算，②交付税特会での借り入れ，③特例法による地方債（**臨時財政対策債**）の発行，によって財源が補充されます。交付金の総額が，交付税の財源を上回ることが多く，地方交付税交付金に関連する債務が累積してきました。

4 望ましい地方分権

地方政府，そして地方政府と中央政府の関係について理解した上で，地方分権のメリットとデメリットを踏まえた望ましい地方分権のあり方について，海外の事例も見ながら，一緒に考えてみましょう。

4.1 政府間財政移転と地方分権

地方政府が、住民に身近な公共サービス供給を行うことは望ましいのですが、そのようなサービスのための1人当たりの財政支出は、過疎的な地域ほど大きくなる一方で、1人当たりの担税力は過疎的な地域ほど小さくなります。その結果として、過疎地域に立地することが多い小さな地方政府では、地方交付税交付金への依存度が非常に大きくなっています。

市町村の規模別に、1人当たりの財政支出（括弧内の金額）と財源構成の割合を示した**図表12－4**が、その事実を明らかにしています。

このように過疎的な地域が、国からの交付金に依存することは、仕方ないことと思われるかもしれません。しかし税収が少なくても、交付金に依存して財政運営ができる仕組みがあると、過疎化が進んでも、財政的には心配しなくてもよいことになります。その結果、過疎化を食い止めるための必死の努力が行われず、過疎化が進行してしまった可能性があります。

生活保護制度が、貧困者の自立を阻んでしまう**貧困の罠**の問題を生むように、交付税交付金制度が、過疎的な地域の自立を阻んでしまう、いわば**過疎の罠**の問題を引き起こしてしまった可能性があります。財政制度の設計にお

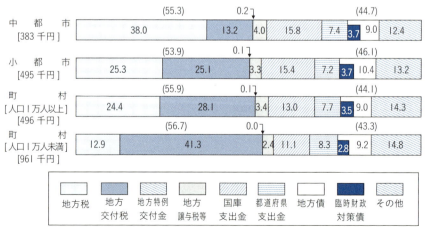

図表12－4　市町村の規模別の財源構成（2013年度の例）

出所：総務省『地方財政の状況（2015年4月）』第114図（147頁）より抜粋。

いては，このような長期的な効果を考慮して，自立のインセンティブを与えるような仕組みを考えることが重要です。

このように，中央政府からの補助金に依存して財政運営を行うような仕組みは，問題を抱えています。そこで，可能な限り，交付金に依存しない仕組みにすることが，望ましい地方自治・地方分権につながると考えられます。

地方政府への**税源移譲**を進めることは，交付税を減らす一定の効果があると考えられます。しかし，過疎的な基礎自治体の交付税への依存が大きいという事実（**図表12-4**）を踏まえると，税源移譲を進めても，過疎地域での税収の増加はあまり期待されず，自立性を高める効果は限定的です。

そこで，**市町村合併**を促して，基礎自治体の規模を大きくすることが，基礎自治体の自立を高める試みの1つと考えられます。実際，市町村の仕事に関しても，一定の規模の経済性があり，1人当たりの歳出が小さくなる市町村の最適規模は20万〜40万人ほどとの研究は多く，市町村合併は，地方自治体の自立・自治を高めると考えられています。

しかし，基礎自治体の規模が大きくなると，住民に身近な政府という特徴が失われてしまいます。そこで，広域性が高い公共サービスについては，広域的な政府に委譲し，基礎自治体の仕事を減らすことで，基礎自治体への補助金を減らし，地方税収が財政支出に占める割合で示される「自立性」を高めることができます。

たとえば，国民健康保険や介護保険などの社会保険事業は，規模の経済性があり，都道府県や国が担うほうが効率的に運営できそうです。また，防災事業も，地球温暖化による自然災害の規模の拡大を踏まえると，これまで以上に広域的な政府に権限と責任を持たせることも必要ではないでしょうか。

これまで，市町村が担っていた事業を上位政府に移譲することで，基礎自治体への交付金を減らし，自立性を高める取り組みは重要と考えられます。真の地方自治を実現するために，歳出（事業の分担），歳入（財源の分担），そして，政府間財源移転の仕組みを一体的に見直すことが重要です。

4.2　道州制と海外の地方財政制度

　日本では，これまで基礎自治体に財源と権限を移譲することが，**分権化**と考えられてきました。しかし，海外の地方財政の仕組みを見ると，中央政府のすぐ下のレベルの政府（日本では都道府県）に対して，権限を移譲していくことを，分権化と呼ぶ国は少なくありません。

　そのレベルの政府は一般に「州」と呼ばれており，日本でも**道州制**の名称で，国から道州への権限移譲を進める地方財政制度改革が提案されてきました。さまざまな道州制の案がありますが，全国を8〜10ほどの道州に分けて，自立的な行財政運営を行ってもらう仕組みとして構想されています。

　連邦制国家と呼ばれる国は，そのような分権的な政治体制を持っています。代表的な国家として，アメリカ合衆国，カナダ，スイスなどがあります。歴史的に，いくつかの地方が集まって国家を形成する約束を結んだ国が，連邦制の形態をとることになります。一方，日本，イギリス，フランスなどのように，中央政府が最終的な権限を持っている国は，**単一国家**と呼ばれます。

　これら2つの類型は概念的なもので，地方政府に与えられた権限に注目すれば，極端な単一国家と極端な連邦制国家を両極端とする空間の中に各国の地方財政制度を位置付けることができそうです。ただし，分権化には，どのレベルへの分権を行うかに関してさまざまなタイプが考えられます。さらに，上述のように連邦制国家という政治体制は，単一国家とは質的に異なるところがありますので，連邦制国家には境界が存在していると考えられます。

　図表12−5は，そのような地方財政の仕組みの類型化を概念的に描いたものです。日本で議論されている道州制の多くは，おそらく単一国家の枠組みの中で，限りなく連邦制国家に近い地方財政制度を想定しています。

図表 12 − 5 ▶▶▶ 単一国家，連邦制国家，分権化

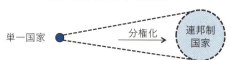

そのような道州制が実現すると，権限が強くなった道州の中には，独立したいとの声をあげる道州が現れる可能性があります。そのような道州が増えると，中央政府は道州の離脱を防ぐために，連邦制国家の領域に入るような権限移譲が進められる可能性もあります。

地方政府の仕組みは，このような政治的なダイナミズムの中で，変遷を遂げていくことになるでしょう。私たちもまた，そのようなダイナミズムを意識した上で，分権化に関する政治的意思決定を行うことが大切です。

Working　　　　　　　　　　　　　　　　　　　　調べてみよう

1. 地方交付税交付金の財源は，5つの国税の一定割合を合算したものである。それぞれの割合を調べてみよう。
2. あなたの住む基礎自治体（市区町村）の昨年度の歳出と歳入（予算）を調べてみよう。また，交付税交付金が歳入に占める割合を調べてみよう。

Check　　　　　　　　　　　　　　　　　　　　説明してみよう

1. これまでの日本の地方財政制度と比べた場合，道州制のメリットとデメリットはどのようなものか，説明してみよう。
2. 地方交付税交付金制度は，公平性および効率性の観点から問題も多い制度である。どのような問題があるか説明してみよう。
3. 一般定額補助金と特定定率補助金は，それぞれ，どのような目的のための補助金としてふさわしいか。説明してみよう。
4. 市町村合併のメリットとデメリットを説明してみよう。
5.* 地方政府の予算制約と効用関数があると想定して，上記3.の問題に対して図を用いて説明してみよう。

Discussion　　　　　　　　　　　　　　　　　　　　議論しよう

中央政府が持っている権限を地方政府に譲渡することを地方分権と呼ぶとしよう。権限の譲渡先としては，市町村が望ましいだろうか，それとも広域的な都道府県が望ましいだろうか。「市町村が望ましいという立場」と「都道府県が望ましいという立場」に分かれて議論してみよう。

第13章 政治の仕組み

Learning Points
- ▶民主主義的な意思決定の仕組みとは,どのような仕組みでしょうか。
- ▶政党間の競争は,どのような結果をもたらすでしょうか。
- ▶利益団体,政治家,官僚の行動についての理解を深めます。
- ▶政府組織のガバナンスの弱さが,政府の失敗を生む原因となっています。

Key Words
民主主義　多数決制　全員一致制　政治家　官僚　利益団体

1 望ましい政治の仕組み

　民主主義社会では,多様な価値観や好みを持つ1人ひとりの声が,可能な限り,政府の意思決定に反映されることが期待されます。政治とは,そのための仕組みや手続きであると考えられます。本節では,望ましい政治の仕組みに関する経済学的な議論を紹介していきたいと思います。

1.1 多数決制の特徴

　民主主義的な意思決定の仕組みとして,多数決制がよく用いられます。それこそが民主主義的手続きと考えている人も少なくないと思います。しかし,多数決制では,たとえば少数者の意見は,最終的に政府の意思決定に反映されず,無視されてしまいます。したがって,民主主義的な意思決定の仕組みとして,多数決制が望ましいとは言いきれません。

　上記の問題は,イギリスの哲学者J.S.ミル（J. S. Mill：1806－1873）が**多数派による暴政**と呼んだ問題です。いま,2つの政策案 A と B があると

しましょう。国民は，2つの異なる選好を持つグループに分かれ，グループ1はAを好み，グループ2はBを好むとします。グループ1とグループ2の人口割合は，それぞれ3分の2と3分の1であるとします。

ここでもし，政策が毎年，単純多数決によって決定されるとすれば，毎年Aが選ばれることになります。つまり，**単純多数決制**の下では，少数者の投票は**死票**となるため，少数派（マイノリティ）の意見は常に無視され，多数派が，暴君として政策を決めることになるのです。民主的決定メカニズムとは言い難いですね。

たとえば，沖縄県における米軍基地の問題を考えるたびに，結局，沖縄県の人たちが日本全体の中では少数者であるがゆえに，多数派の意見に従わざるをえなかった歴史があったのではないかと考えてしまいます。多数決制が「多数派による暴政」を可能にする政治の仕組みであるという事実は，少数者の立場になって初めて実感を持って理解できることかもしれません。

また，日本では**1票の平等**が重視されますが，多数派による暴政が起こりうる多数決制の下では，「1票の平等」は必ずしも**政治的平等**を意味しません。政治的平等を確保するために，少数派には2票を与えてもよいのではないかといった議論をミルは行っています。

このように，多数決制度には，非民主主義的な構造があります。ただその一方で，いくつかの望ましいと思われる特徴もあります。その1つが**中位投票者定理**と呼ばれる定理が示唆することです。

これは，人々の政策に関する選好が，以下で説明するような単峰型をしている場合には，中位投票者の好む政策が多数決制の下で選ばれるという定理です。この定理が示唆することの1つは，多数決制の下では，極端な政策が選ばれにくいということです。多数決制で政治的決定が行われる社会が，ある種の安定性を持っていることを示唆しています。

この中位投票者定理を，政策の水準が0から1の間の実数で表されるケースについて説明してみましょう。税率はそのような政策の一例です。ここで各有権者には，自分が最も良いと考える税率があり，その税率から離れるほ

ど満足度が落ちていくと想定します。この場合，満足度を表す関数は，頂上が1つだけの単調な山の形になりますので，**単峰型選好**と呼ばれます。

有権者を，望ましいと考える政策水準が小さい人から順番に並べたとき，ちょうど真ん中にいる人を**中位投票者**と呼びます。たとえば有権者が5人いる場合は，3番目の人が中位投票者です。そのような中位投票者が存在する場合，中位投票者が最も好む政策 M が単純多数決では必ず勝つというのが，中位投票者定理です。証明は簡単です。

M よりも低い水準の政策 L が対抗案として提案されると，M 以上の政策水準を好む人たちは L より M を好みますので，M の支持者は多数派となり，政策 M が勝利します。逆に M よりも高い水準の政策 H が対抗案として提案されると，M 以下の政策水準を好む人たちは H より M を好みますので，M の支持者は多数派となり，M が勝利します。いずれの場合も M が勝利しますので，中位投票者定理が証明されたことになります。

この定理は，極端な政策が多数決制の下で選ばれることはなく，中道的な政策が選ばれやすいことを示しています。また，次節で見るように，この結果は政党が政権獲得のために提案する政策を分析する上でも，有用な示唆を与えてくれます。

1.2　望ましい政治制度の設計

多数決制は，民主主義の理念を実現する政治制度とは言えないことを見ましたが，それに代わる良い制度はあるのでしょうか。おそらく，**全員一致制**は，「すべての個人の声が等しく反映される」という意味で，民主的と呼べる意思決定ルールの1つと考えられます。全員一致に達するためには，人々の間で話し合いがもたれ，お互いに譲り合って，1人ひとりの意見が反映されるように，決定されなければならないからです。

さらに，多数決制の下ではパレート改善が起こる保証はないのですが，全員一致制の下では，パレート効率的な状態が選択されることが知られています。現在がパレート非効率的な状態なら，少なくとも1人がよりよくなる状

態が存在し，それが実現するときにのみ全員一致が得られると考えられるからです。全員一致制は，資源配分上も望ましい特徴を持っているのです。

しかし，その一方で，全員が拒否権を持ちますので，合意に至るまでに多くの時間と労力を要します。さらに，パレート効率的な状態がいくつもある場合に，どの状態を選ぶかで論争が生じ，決着がつかないことも，実際には少なくないでしょう。さらに，全員一致制の下では，不公平な状態には陥りにくいのですが，不公平な状態に陥った場合に，そこから抜け出すことが難しくなるという問題（**既得権益**の問題）があります。

日本社会では，この民主的な意思決定の仕組みである全員一致制がよく採用されてきました。しかし，その結果，意思決定に時間がかかり，早急な対応が必要なときに，柔軟性のある対応ができなかったという問題も指摘されます。また，既得権益のある人たちが，それを奪おうとする提案を拒否し続けることで，不公平な状態が続くという問題も，よく指摘されます。全員一致の仕組みもまた意思決定の仕組みとしては，問題を抱えています。

第3章で紹介したように，多様な価値観を持つ個人の選好を公共的な意思決定に反映させるための政治の仕組みに関する研究を行う**社会選択理論**では，民主的で効率的な社会選択の仕組みは，一般には存在しないという**不可能性定理**が成り立つことが知られています。社会選択理論では，ここで取り上げた単純な多数決制や全員一致制以外にも，さまざまな仕組みが取り上げられて，よりよい社会選択が行われるための研究が行われています。

2 政党間競争

政治の世界では，国民によって選ばれた議員は，一般に**政党**と呼ばれる政治組織を形成して，政治的選択を行っています。国民もまた，そのような政党の存在を前提として，投票を行っています。政治の世界では，政党は競い合っており，それがどのような政治的結果を生み出すのかについては，経済

学でも高い関心が持たれ，さまざまな研究が行われてきました。

2.1 2大政党による競争

前節で紹介した中位投票者定理は，各政党がどのような政策を提案すればよいかに関しても，興味深い示唆を与えてくれます。

中位投票者定理は，政党が政治的競争を行っている場合には，中位投票者が最も好む政策（前節の例では政策 M）を提案する政党が，多数派を獲得できるということを意味しています。その結果として，実は，2大政党は，いずれも同じ政策を提案すると考えられるという主張を，ホテリング（H. Hotelling：1895 − 1973）というアメリカの経済学者が行いました。

アメリカでは，共和党と民主党という，政治思想において大きく異なると考えられる2大政党が存在しています。しかし，その**マニフェスト**（選挙公約）をみると，実は，それほど大きな違いが見られないことが指摘されています。それは，上記のような議論で説明できると考えられています。つまり，それぞれの政治思想を重視した政策を提案していては，選挙で勝つことができないため，選挙で勝つためには，2つの政党は中位投票者が好むような中道的な政策を提案せざるをえないということですね。

ただ，マニフェストが完全に一致しているかと言えば，実はそうでもありません。国民の選好に関する情報は完全ではありませんので，不完全な情報の中で各党が選挙に勝つための政策提案をすると，若干の差が出てくると説明できそうです。しかし，近年は，国民の選好に関するアンケート調査などが行われることが多く，それがマスコミを通じて広く共有されています。各政党のマニフェストは，情報技術が発達していなかった昔よりも，さらに似通っているかもしれません。

ただし，政党は短期的な選挙結果より長期的な選挙結果を重視するかもしれません。また，日本の場合などは，多数の野党の存在も意識した政党間競争を行わなければならないでしょう。そのような場合は，各政党の提案は，

必ずしも一致しないことが，理論的にも明らかにされています。

2.2 財政赤字の問題

　財政赤字の問題は，日本に限らず，他の国でも普遍的に見られる問題です。それが，政治的意思決定の結果として生まれているのであれば，政党間の競争によって影響を受けていると考えられます。

　たとえば，日本では，戦後，1975年までは（1965年を除いて）赤字国債は発行されていませんでした。しかし，その後，1989年まで継続的に赤字国債が発行されることになりました。それは比較的低い水準にとどまっていましたが，前章で見たように1994年に赤字国債の発行が再開されてから急速に拡大するようになりました。

　赤字国債の発行に関しては，このように3つの時期に分けられますが，その背後には，政治状況（**政党間競争**）の違いがあると考えられます。財政赤字の問題を理解し解決するためには，政党間の競争が公債発行に対してどのような影響を与えるのかを理解することが重要です。

　アメリカでは，一般に保守的と呼ばれ，小さな政府や均衡財政を主張することが多い共和党が，政権をとると政府規模の拡大につながる公債発行を行うのはなぜだろうという疑問が投げかけられました。さまざまな説明が可能ですが，1つの興味深い説明として，長期的な政権獲得をねらって，共和党もまた財政赤字を戦略として用いるのではないかという説明があります。

　公債が累積していくと，財政的な自由度が低下しますので，将来の政権運営の足かせとなります。したがって，政権交代の可能性が低いときには，できるだけ財政赤字を出さないようにするほうが，長期的な政権維持につながります。

　ところが，政権交代の可能性が高い状況では，財政赤字の発行は，2つの良い効果を政権党にもたらすと考えられます。第1に，財政赤字を発行することで，国民の負担を軽減できますので，政権延命の可能性が高まります。しかし，公債が累積していくと，財政運営の自由度が低下しますので，やが

て政権交代が強いられるときがきます。実は，この公債累積による財政運営の自由度の低下は，新しい政権党の足かせにもなります。新しい政権党の失敗確率を高め，政権を奪還する可能性を高めます。これが2番目の効果です。

したがって，政権交代の可能性が高いと考えられる状況では，財政赤字をできるだけ出して，政権を延命させた上で政権交代を行えば，新しい政権は巨額の公債のために柔軟な政策運営を行うことができなくなります。つまり，財政赤字を出し続けることで，政権を失った後にも，自らの利益につながるような状況を作り出すことができる。そう説明できるのです。

日本では，1955年以後，自民党が継続的に政権をとってきましたが，1993年に一時的に野党の連立政権に政権を譲ることになりました。その後，自民党が政権を再びとりましたが，政権再獲得後，大量の財政赤字を発行する政策をとるようになりました。

2009年には，自民党は再び政権を失い，民主党が政権をとりましたが，累積した公的債務のゆえに，思うように公約を実施することができず，最終的に民主党政権は消費税の引き上げを提案することになりました。それが一因となり，民主党は政権を失い，自民党が再び政権を奪還しました。

このような日本における政党間の競争と財政赤字の発行パターンは，上記の理論的説明と整合的であるように思われます。財政赤字の問題が，政党間の競争と密接に関わっていることを示唆していると考えられます。

政党間の競争に関しては，アメリカのように大統領選挙の時期が4年ごとというように決まっている場合には，選挙の直前に景気を良くするような行動が取られる傾向があり，**政治的景気循環**が生まれるという議論もあります。

一方，日本のように，選挙時期を政権党が決めることができる場合，景気の良い時期に選挙を行うという行動が取られると考えられます。政党間の競争とマクロ経済の関係に関しては，財政赤字がマクロ経済や成長に与える影響も考えると，さらに理解を深めることが重要です。

3 国民・政治家・官僚

政府の仕組みの中では，政党間（政治家間）の横の関係は重要ですが，国民と政治家，あるいは政治家と官僚という縦の関係も重要です（第2章**図表2-3**を参照）。それぞれの関係についての理解を深めていきましょう。

3.1 レント・シーキング活動

まず，国民と政治家の関係について考えてみます。国民は，主権者として，選挙を通して政治家を選出し，自らの選好を政治的決定に反映されることを期待します。しかし，1人ひとりの国民は，小さな有権者にすぎず，政治的に大きな影響を与えることはできません。そこで，組織化して政治的に影響を与えることを試みようとします。そのような組織は**利益団体**と呼ばれます。企業の集まりが，そのような利益団体になる可能性もあります。

利益団体の多くは，政治的な意思決定によって生まれるレント（利益）を求めて，さまざまな政治的働きかけを行っています。そのような活動は，一般に**レント・シーキング活動**と呼ばれます。それが特定の政党・政治家に対して行われる場合，利益団体による**ロビー活動**と呼ばれることもあります。政党に対する寄付や政党の要人への陳情・接待などが，その例です。

レント・シーキング活動は，一般に，非効率性を生み，政治的な意思決定を歪める望ましくない行為と考えられます。しかし，その非効率性の程度は，レント・シーキング活動の内容やその活動に関する競争の程度に依存します。均衡において資源配分の非効率性をもたらさない場合もあるという議論も，近年注目されています。それぞれの議論を見ていきましょう。

ここでは，企業あるいは利益団体が，市場の独占化を目指して，レント・シーキング活動を行うというケースを考えてみます。独占化に成功した場合

に得られる**独占利潤**と現在の利潤の差がレントと考えられますので，その期待額までレント・シーキング活動に資金投入することが合理的となります。

このような活動に伴う非効率性は2つあります。第1に，レント・シーキング活動の結果として，たとえば市場の独占化のような非効率的な政策決定が行われることです。第2に，レント・シーキング活動が，接待や**陳情**といった形で行われるならば，それ自身が非効率を生むということです。

このように，レント・シーキング活動が非効率性を生むケースは，少なくないと考えられます。しかし，その程度は，それほど大きくないのではないかという考え方も提示されるようになってきました。

まず，レント・シーキング活動自身の無駄は，現金の受け渡しによるものであれば発生しません。その場合，レント・シーキング活動は政治家への所得移転であり，不公平性は生むかもしれませんが，非効率性は生みません。

さらに，レント・シーキング活動の結果として，非効率的な状態ではなく効率的な状態が実現されるかもしれません。効率性が改善する場合，得するグループが必ず存在するはずであり，そのようなグループが効率性改善のために，ロビー活動を行う可能性が十分あるからです。

さらに，利益団体等の間での競争を考慮する場合，各利益団体は利益が得られなくなるまで競争し，得られる利益はほとんどないのではないかという議論も行われています。逆に言えば，ロビー活動が行われ，歪みがもたらされるのは，ロビー活動への参加者が少ないからと考えることもできます。すべての人がレントの獲得を目指してロビー活動に参加し，完全競争が起これば，資源配分に歪みが生じないという議論もあります。

レント・シーキング活動を批判するのは，通常それに参加しない人です。それは，市場で努力をして利益を獲得している人を，努力していない人が非難している状況と似ているかもしれません。もちろん，このような見方が適切かについては，さらなる議論が必要ですが，1つの興味深い視点です。

図表 13 − 1 ▶▶▶ **官僚の行動**

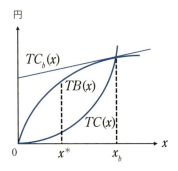

3.2 官僚の行動

　次に，官僚の行動に関する議論を見てみます。官僚は，政治家のために仕事をすることが期待されています。しかし，官僚もまた自らの効用を最大化するように行動し，政治家の期待通りには行動しない可能性があります。特に，官僚が政治家の持っていない情報をたくさん持っている場合，政治家は官僚を適切にコントロールすることが難しくなります。

　ここでは，1種類の公共財を考え，水準 x における国民の総便益を $TB(x)$，その生産のための総費用を $TC(x)$ と表します。それぞれの関数の形状は，**図表 13 − 1** のようになっていると仮定します。このとき，純便益 $TB(x) - TC(x)$ が最大になる水準 x^* が，社会的に見て望ましい水準です。

　ここで，公共財供給を実際に行う官僚は，自らの所得や権力の増加を目指すと仮定します。それが，所属省庁の予算が大きくなることで実現すると仮定すれば，所属官庁の予算水準が大きいほど官僚の効用は大きくなり，官僚は所属官庁の予算最大化を目的として行動すると考えられます。

　この結果，x^* が政治家（＝国民）には望ましいにもかかわらず，官僚は，純便益がマイナスにならない範囲で，予算を最大化できる水準 x_b が実現することを望むと仮定します。ここで，政治家が，公共財供給の費用構造に関する正確な情報を持っていないなら，官僚は，費用関数がたとえば**図表 13 − 1** の $TC_b(x)$ となっており，社会的純便益を最大にする水準は x_b であると

偽って報告する可能性があります。

　政治家が，十分な情報を持たない場合，官僚の報告を信じざるをえませんので，官僚が示唆する過大な公共財供給を行うと考えられます。このように，ある人に仕える人（エージェント）が，仕えるべき人（プリンシパル）の不利益になるような行動をとることは，**エージェンシー問題**と呼ばれます。上の例では，政治家と官僚の間の情報格差が，問題の根源にありました。

　この議論には，現実的な説得力もあります。しかし，そのような官僚行動が実際に許されるとすれば，国民や政治家は相当無知ということになります。現代の政治家は，官僚に簡単に騙されるほど愚かなのでしょうか。

　実際の政治家の行動を分析すると，政治家はさまざまなインセンティブを用いて，エージェントである官僚をコントロールしているようです。確かに官僚が情報格差を用いて自らの利得を引き上げる行為が全く観察されないわけではありませんが，そのような問題はわずかだろうという議論がなされています。

　しかし，そのことは，国民にとって必ずしも好ましいとは言えないかもしれません。政治家も自らの利益を最大化するように行動し，国民の利益に反するような政治的行動をとっている可能性があるからです。政治家は国民に仕えるべきという観点からは，政治家が引き起こすエージェンシー問題は，官僚が政治家の言うとおりに行動することで深刻になる可能性があります。

　政治家のエージェンシー問題をなくせないのであれば，むしろ，官僚にも国民のために働くインセンティブを与えて，時には政治家ではなく国民のために行動できる構造を作ることは検討に値します。公務員に一定の雇用保障が与えられていることは，そのような観点から正当化できるかもしれません。

　そもそも，官僚は「所属省庁の予算最大化を目的として行動する」という上記の仮定が，妥当な仮定と考えられるのであれば，なぜそのようなインセンティブが官僚に与えられているかを明らかにすることが必要です。それが与えられているのは，実は，**図表13−1**の中の x_b という公共財水準が政治家にとって好ましいものであるからかもしれません。

このようなエージェンシー問題を見聞きすると，私たちは，政治家や官僚の利己的行動を批判したくなります。しかし，人間が利己的であることを前提として，「国民→政治家→官僚」という**ガバナンス**の仕組みを有効に機能させるためには，どのようなインセンティブの仕組みを構築したらよいかという問題を，今後さらに議論していくほうが重要と考えられます。

4 政府組織のガバナンス

政府は，いくつかの組織に分かれて，独立的に活動を行っています。たとえば，公営事業として，一般行政とは独立に事業を行っている組織があります。あるいは，地方政府は，政府部門の中では，中央政府とは独立に事業を行っている組織と考えられます。以下では，そのような政府内の組織のガバナンス（規律付け）の問題について考えてみたいと思います。

4.1 ソフトな予算制約の問題

政府の中には，公立病院や公営交通のように，一定の独立的な権限を与えられる一方で，一定の財政関係が存在している組織が数多くあります。そこでは**放漫経営**が行われ，赤字の累積が起こりやすいことが，**ソフトな予算制約の問題**として知られています。

公立病院のような公営事業の例で考えてみましょう。たとえば公立病院は，一般に，地方政府から一定の独立した経営権限が与えられている一方で，政府からの補助なども受けています。問題は，公営事業体が経営努力を怠る結果，赤字が累積し，放置しておくと事業が破綻してしまう場合です。

この問題を考えるために，**図表13－2**では，公営事業体（A）には，赤字を発生させないような経営努力を行うか否かの選択があり，政府（P）には，公営事業体が赤字を発生させたときに，**救済**するか否かの選択があるとしましょう。

図表 13 − 2 ▶▶▶ソフトな予算制約の問題

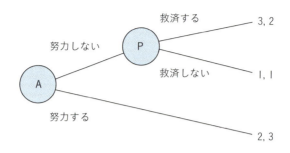

　この場合，起こりうる結果が3つあります。まず，公営事業体が努力しなかった場合に，政府が救済するか否かで2つの異なる結果が起こります。最後に，公営事業体が努力し，政府が介入しないという結果があります。

　公営事業体にとって，赤字を出さない経営努力を行うためには，相当なコストが必要であるとします。このとき，公営事業体の利得は，右端の数字の組み合わせの左側の数字が示しているように，努力しないで救済された場合に最も高い利得3が得られる一方，努力しないで救済されない場合には最悪の利得1となり，努力する場合は，その中間的な利得2になると考えることができます。

　一方，政府の利得は，数字の組み合わせの右側の数字で示されているように，公営事業体が努力するときに最高の利得3になると考えられます。そして，公営事業体が努力しないで政府が救済せず破綻した場合に最悪の利得1となり，公営事業体が努力しないで政府が救済する場合に中間的な利得2になると仮定します。

　このような利得（順位付け）の構造がある場合，公営事業体はどう行動するでしょうか。経営努力をしないで破綻しそうになった場合，政府は救済しないより救済するほうが好ましいと考えますので，救済が行われ，公営事業体は最大利得3を得ます。一方，努力する場合，利得は2です。

　したがって，公営事業体が合理的なら，経営努力を行わず，赤字を累積し，政府が救済するというのが，予想される結果となります。ここで，赤字が累

積した場合に赤字補填が行われるというのは，公営事業体には，しっかりした予算制約（ハードな予算制約）がないということと同じという意味で，この問題は**ソフトな予算制約の問題**と呼ばれています。

同様の問題は，Aが地方政府，Pが中央政府の場合にも起こりえます。この場合も，地方政府が財政破綻に陥ったとき，仮に上位政府は救済しないことになっていたとしても，いったん，破綻の問題が発生したら，救済することが最適となるため，予算制約は**ソフト化**してしまうと考えられます。

実際，公立病院や地方政府が破綻しそうになったときに，破綻させることは難しそうです。そうだとすれば，ソフトな予算制約の問題にはどのように対応したらよいのでしょうか。1つの対策としては，破綻が生じないように，上位政府が，継続的に経営状況を監視し，大きな問題が起こる前に介入を行い，規律付けを行うことではないかと考えられます。

4.2 監視の問題

しかしながら，実は，監視という活動も，それほど簡単ではないことが，組織理論の中で指摘されています。たとえば，政府が，公営事業体等の活動を監視するため，**監視役**（Supervisor）を置いたとしましょう。

このとき実は，経営努力を回避したい公営事業体（A）が監視役（S）を買収して，嘘の報告を政府（P）に行わせるインセンティブが存在するのです。経営努力のコストがC円であれば，それを上限として，監視役に**賄賂**を与えて，虚偽の報告を行ってもらうように依頼できます。

公営事業体が経営努力をしたとしても破綻する可能性が少しでもあれば，監視役は，「公営事業体は努力している」と虚偽報告をしても発覚しない可能性があります。監視役は，虚偽報告が発覚した場合に失う利得の期待値と公営事業体から虚偽報告のために与えられる利得を比較して，後者が大きければ，虚偽報告を行うことになり，監視が機能しなくなってしまいます。

この問題を回避するためには，虚偽報告が発覚したときに監視役が失う利得を十分大きくする必要がありますが，それが難しい場合も多いでしょう。

このような監視の問題は，ソフトな予算制約の問題だけでなく，政府内のガバナンスの問題全般にかかわります。たとえば，三権分立の枠組みの中では，行政府の活動を立法府（議会）は監視することが期待されていますが，上述の議論は，行政府と立法府が**結託**して，国民の不利益になるような事実が隠されてしまう可能性があることを示しています。

たとえば，2007年に夕張市で財政破綻が起こったのは，不適切な会計処理が行われ，巨額の債務が存在していることが隠されていたからでした。そのような行為は，本来，議会が監視し問題を明らかにすべきでした。しかし，行政と議会の馴れ合いの構造のために，債務の存在は明らかにされず，最終的には夕張市民が多大な不利益を被ることになってしまいました。

夕張市の財政破綻をきっかけとして，2007年には，地方公共団体の財政の健全化に関する法律（以下，**財政健全化法**）が導入されました。それまでは，地方財政再建促進特別措置法（以下，**財政再建法**）によって，破綻後に地方政府の再建を促す法律は存在していたのですが，中央政府が地方政府の財政破綻を食い止める仕組みがなかったからです。

財政健全化法により，中央政府は，毎年度の財政状況を示す財政指標が，早期健全化基準と財政再生基準を超える地方政府に対して，それぞれ財政健全化計画と財政再生計画を策定・実施することを義務づけることができるようになりました。財政健全化法の制定により，日本では，中央政府による地方政府のガバナンスの強化が図られることになりました。

このような監視の問題は，実は，政府部門だけでなく，民間企業でも発生します。不適切な会計処理の問題や，安全基準が満たされていない事例の発覚などが，民間企業でも数多く起こり，**コーポレート・ガバナンス**（企業統治）の改革の必要性が指摘され，改革が実施されてきました。同様の問題が，政府部門でも起こります。政府のガバナンスの仕組みも継続的に見直していく必要があります。

Working
調べてみよう

1. 現在，「1票の格差」は，最大で何倍となっているか調べてみよう。
2. 各党の最新のマニフェストを調べて，大きな違いがあるか調べてみよう。
3. 夕張市が財政破綻に陥った原因と，その後の対応について調べてみよう。

Check
説明してみよう

1. ソフトな予算制約の問題とはどのような問題か。地方政府の赤字が累積してしまう問題を事例として説明してみよう。
2. 「政府の失敗」の問題は，国民による政府活動の監視が弱いことが一因となっている。政府活動に対する監視が弱い理由を説明してみよう。
3. 官僚が所属省庁の予算を最大化することが問題を引き起こすのであれば，政治家は官僚がそのように行動しない仕組みを設けることができる。どのような採用・昇給・昇進の仕組みを設けたらよいか説明してみよう。
4.* 全員一致制の下ではパレート最適な選択が行われるが，多数決制の下ではパレート最適な選択が行われるとは限らないことを説明してみよう。

Discussion
議論しよう

世界政府が樹立され，すべての国の人の「1票の重み」が等しくなるように，各国の人口に応じて各国の代表（議員）数が決まり，インドや中国といった人口が多い国の議員数が多くなった。世界政府の議会では多数決によって政策が決定されるとしよう。このような世界政府の仕組みは民主主義的と言えるだろうか。議論してみよう。

第14章 公民連携

Learning Points
- ▶政府の失敗の問題を緩和するための公民連携が，注目されています。
- ▶公民連携は，所有と経営の主体が政府か民間かで分類することが有用です。
- ▶公民連携のさまざまな形態のメリットとデメリットを説明します。
- ▶公営事業でも，民間の経営手法を取り入れた公共経営が注目されています。

Key Words
所有と経営　民営化　民間委託　PPP　PFI　新しい公共経営

1　公民連携

　前章で見たさまざまな「政府の失敗」の問題に対して，政府と民間事業者との連携を深めることで対応していくという取り組みが，先進国で行われるようになりました。まず，そのような**公民連携**（Public-Private Partnership：**PPP**）の取り組みを，概観してみましょう。

1.1　政府の失敗と公民連携

　政府の失敗の問題の本質は，第2章**4.1**項で紹介したように，国民が政府を監視するインセンティブを十分に持たないことにあります。そのような状況では，政府活動を，国民によって選ばれた議員が監視することで，政府の失敗の問題が起こらないようにすべきです。

　しかし，前章第**4**節で見てきたように，政府内部の組織は，ソフトな予算制約の問題や監視（内部監査）の問題のゆえに，非効率性や赤字を生み出し

てしまう構造を持ちます。そのような構造的問題を一因として，実際に多くの国で公的債務が蓄積されてしまいました。

そこで，公営事業を，できるだけ政府の外に出して，民間事業者に行ってもらう**民営化**が広がってきました。民営化のメリットは，民間事業者に対しては出資者等がしっかり監視を行うインセンティブが存在していることです。さらに政府も，委託した民間事業者を監視するインセンティブを有します。

事業の監視強化を通じて，政府の失敗の問題を緩和し，公共性のある事業をこれまで以上に効率的に行えるようになるというのが，公民連携の意味と考えられます。市場経済の発達とともに，そのような事業を実施できる民間事業者も厚みを増してきています。

しかし，これまで政府部門で行ってきた事業の中には，完全に民営化しても良いと思われる事業がある一方で，個人情報を扱う行政サービスなどのように，民営化に適さないと考えられる事業もあります。そこで，以下では，まず公民連携の形として，どのような形が考えられるかを整理してみます。

1.2 公民連携の分類

一般に，事業を行う際には，資本（土地を含む）が必要であり，それを誰が**所有**するかが重要になります。事業は，資本と労働を用いて行われることになりますが，それを誰が**経営**するのかも，また重要になってきます。

公民連携のあり方を整理する上でも，この所有と経営の主体について考えることは有用です。大きく分けると，**図表14－1**に示すように，①公有公営，②公有民営，③民有民営，④民有公営，という4つのパターンがあります。ただし，事業のために必要な資本を公と民が半分ずつ所有する，あるいは公と民が共同で経営するという場合もあります。したがって，この4つのパターンは，極端なケースを取り上げたものです。

実際には，**図表14－1**のように，所有の軸（縦軸）と経営の軸（横軸）が作り出す連続的な空間の中で，公民連携の事業の所有と経営に関する特徴

図表 14 − 1 ▶ ▶ ▶ 所有と経営による公民連携（PPP）の特徴付け

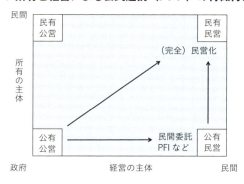

付けが行われることになります。

ここで，**公民連携**とは，公有公営および民有民営以外の事業形態によって事業を行うことと考えられます。しかし，本章では，民有民営の場合でも，規制や補助金などを使って，公共性のある事業を民間事業者に行ってもらうことも，公民連携の１つのあり方と考えることにします。

実は，公民連携という手法は，古くから行われてきました。たとえば日本では，政府（第１セクター）と民間（第２セクター）が共同で出資して事業を行う「第３セクター（３セク）方式」と呼ばれる手法が，1970年代の半ば頃から頻繁に用いられるようになりました。

しかし，この**第３セクター方式**では，政府と民間の責任と権利が明確でないことが，少なくありませんでした。その結果，経営破綻に陥っても政府が損失を補塡してくれるだろうとの期待から，民間出資者の損失額は小さいと考えられ，出資者による十分な監視が行われにくいという問題がありました。さらに，政府が関与することで公益性の追求も行われるため，政府の失敗はあまり改善されず，赤字経営に陥り，破綻する事業が数多く発生しました。

政府と民間で協力して行うという曖昧さが問題を引き起こしてしまったのです。その反省に基づき，近年の公民連携では，所有と経営のいずれにおいても，権限と責任を明確にした契約を結ぶことが重要と考えられています。結果的に，上で極端なケースとして取り上げた中の②公有民営と③民有民営

の形態が，現在の公民連携の標準的な形態となっています。

以下では，民有民営（完全民営化）に関する議論を第 2 節で，民間委託や PFI などの公有民営に関する議論を第 3 節で，そして，引き続き公有公営で行う事業に関する議論を第 4 節で行います。

2 完全民営化

これまで，日本でもさまざまな事業が民営化されてきました。特に，1980 年代の後半から行われた民営化により，現在の JR，NTT，JT といった日本有数の民間企業が生まれました。その後も，高速道路，地下鉄，郵便事業の民営化なども行われ，今後，さらなる民営化が予定されています。

2.1 完全民営化の考え方

これまで，公営事業として行われていた事業を，なぜ民営化することができたのでしょうか。この疑問に答えるためには，公営事業として行われていた理由について考えてみることが有用です。

これまで，民営化されてきた事業の多くは，第 2 章 **3.2** 項および第 5 章 **2.1** 項で取り上げた**規模の経済性**の特徴を持つ事業です。サービス供給を行うために大規模のインフラ（公共資本）が必要で，そのために巨額の固定費用が必要な事業です。しかし，経済発展の初期段階では，人々が支払える額はあまり大きくないため，効率的なサービス利用を促す価格では固定費を賄えず，赤字になってしまうことが問題でした。

実は，日本をはじめ，多くの国で，そのような事業は公有公営事業として行われ，巨額の固定費を税金や公的債務で賄ってきました。しかし，経済発展とともに，人々の所得が上昇すると，需要曲線が第 5 章の**図表 5 − 1** の中の直線 D' のように，限界費用が平均費用を上回る水準で，限界費用曲線と交わるようになる可能性が生まれます。そこでは，もはや規模の経済性の

特徴は見られず，競争市場で，きちんと利益が出る事業になります。

　たとえば，NTTへの民営化は，そのような事例と考えられます。公営事業としてスタートした事業を，経済が成熟した段階で民営化することは，極めて自然な流れですね。これが，民営化が可能となる第1の状況です。

　また，インフラの整備費用が大きく，社会的に見て最適な価格で黒字になるほどの需要の拡大が見られない場合でも，**平均費用価格規制**を行うことで民営化は可能です（第5章 **2.1**項）。これが第2の状況です。

　さらに，インフラ整備費用が巨額な場合でも，政府が税を用いて固定費を全額あるいは部分的に賄えば，事業者が負担する固定費は大きく低下します。その結果，平均費用曲線が大きく下がり，上記の第1の状況と同じ状況が作り出され，民営化が可能になります。これが第3の状況です。

　実際，国鉄や高速道路の民営化の際には，このような巨額の固定費（負債）のかなりの部分を政府が引き受けました。その結果，事業者の固定費の負担が軽減され，前向きの経営ができる民間事業者が生み出されたのです。

　民営化の過程で，政府が**債務継承**を行う場合，最終的に国民の税負担が上昇するという問題が起こります。しかし，固定費の束縛から解放され，前向きな経営で高い収益をあげられるようになった民営化企業の株式を政府が一部保有することで，国民は民営化の恩恵を，株式価値の上昇の形で受けられます。公的債務を減らすことも可能になるでしょう。

　完全民営化の良い点の1つは，事業者が土地や施設などの資産を所有することで，多様な事業展開を行えるようになることです。たとえば，JRでは，駅という資産をショッピング事業等に有効に活用し，鉄道利用者の利便性を高めると同時に事業収入を確保するという事業展開を行いました。このような事業展開は，やはり所有まで民営化したことで行えたことではないでしょうか。駅や線路といった資産を公有のままにする公有民営の形では，実現しなかったのではないかと考えられます。可能な限り完全民営化することの望ましさを示唆する事例です。

2.2 完全民営化の望ましいあり方

完全民営化は,「政府の失敗」の問題を回避するために,望ましい手法ですが,民営化の結果,大きな「市場の失敗」の問題が起こるのであれば,望ましいとは言えません。民営化後に,適切な介入を行うことで,大きな「市場の失敗」の問題の発生を抑制できるかが,完全民営化が望ましいか否かの判断基準の1つとなります。

公有方式で行っていた事業を完全民営化するということは,事業形態を図表14－2の🅐から🅑にすることと考えるとわかりやすいと思います。

公有方式の場合には,政府が所有している事業ですので,政府による監視の下で事業が行われることになります。この場合,国民による政府の監視が弱いために,公共事業体の事業運営が放漫になってしまうといった「政府の失敗」の問題が起こる可能性があります。しかし,政府は事業に対して**直接介入**を行えますので,強いコントロールを行えるというメリットがあります。

一方,完全民営化した場合,民間の出資者が所有することになります。民間の出資者は,事業者を**監視**する強いインセンティブを持ちます。効率性の観点からは,望ましい経営が行われる可能性が高くなります。しかし,その一方で,利潤追求のために,事業の公共性が損なわれたり,独占などの「市

図表14－2 ▶▶▶ 完全民営化の考え方

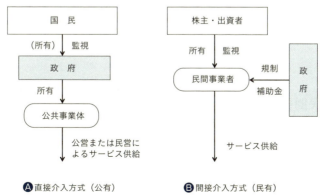

場の失敗」の問題が発生したりする可能性が生まれます。

そのような懸念がある場合，政府は，規制や補助金などを使った**間接介入**を行うことになります。問題は，**図表 14 － 2** の❸のような間接介入で，**公共性**を確保し，市場の失敗の問題を抑制できるかです。それが難しく，間接介入の下で発生する問題が，直接介入の下で発生する政府の失敗の問題よりも大きいと考えられる場合には，完全民営化は行わず，公有による直接介入方式を行ったほうが望ましいと考えられます。さもなければ，完全民営化が望ましいでしょう。

問われるのは，政府による間接介入の技術です。それを磨くことで，公有事業を完全民営化することが望ましくなれば，社会はもっと良くなるはずです。確かに，間接介入の場合，事業者の情報を完全には取得できなくなります。しかし，むしろ政府が情報を持ちすぎないことで，事業者の努力を促すことができるようになるという結果も知られています。望ましい規制政策や補助金政策を設計することが，極めて重要になってきています。

3 民間委託とPFI

完全民営化を行えない場合でも，事業の所有は政府にしたまま，経営を民間に委託するという手法を検討すべきです。このような手法も，日本では**民営化**と呼ばれています。その具体的な手法としての**民間委託**と **PFI** について，説明します。

3.1 民間委託

これまで，全国で，さまざまな公営事業の民間委託が進められてきました。その理由の1つは，公務員の給与水準が一般に高く，民間に委託するほうが，同じ水準のサービスを安く提供できるという構造があるからです。公務

員の給与水準を，仕事に応じて民間給与並みに引き下げることができれば，民間委託はそこまで進まなかったかもしれません。

しかし，民間委託のメリットは，人件費の節約だけではありません。政府も依頼者（プリンシパル）として，委託を受けた民間事業者（エージェント）を監視し，規律付ける構造が生まれます。また，経営を行うのが収益を追求する民間事業者であることで，経営の効率化が期待されます。

さらに，民間委託では，委託期間が定められ，期間終了後に事業者の評価が行われ，パフォーマンスが低い場合は，新たな事業者が選定されるといった手続きが行われることが一般的です。このような手続きは，公営事業として行われる場合には存在しませんので，事業の効率性や公共性を高める仕組みとして機能する可能性が高くなります。

ただし，民間委託にはデメリットも存在します。民間委託とは，結局，政府という組織が，仕事を**外注**することです。したがって，外注先との**取引費用**が発生します。まず，民間委託は，民間事業者との正式な**契約**に基づいて行われますので，さまざまな事態を想定し適切なインセンティブを与える契約を結ぶ必要があります。

さらに，契約に書かれていない状況が発生したとき，大きな再交渉の費用が発生する可能性があります。また，契約が守られているか監視し，守られていない場合，どう対応するかという問題も考えなければなりません。そのような問題の多くは，公営事業として事業を行う場合，考えなくてもよい問題であり，政府が民間委託に躊躇するのもわかります。

しかし，考えてみると，上記のような問題をよく考えずに事業運営を行っていたことが，政府の失敗が起こっていた一因と考えられます。民間委託には，さまざまな取引費用が必要ですが，その取引費用を支払うことで，事業の効率化が期待されるのです。予想される取引費用が大きくても，事業効率化の効果のほうが大きいなら，民間委託をすべきというのが，社会的に見て望ましい判断だと考えられます（政府は反対するかもしれませんが）。

3.2 PFI

近年は,事業経営の民間委託に加えて,公共施設の設計から資金調達までを民間委託する **PFI** という手法がイギリスで開発され,日本でも用いられるようになりました。

前項で見た民間委託のケースでは,すでに(公有の)公共施設は存在しており,その施設を使った事業の経営を民間に委託する状況を想定していました。しかし,新たに公共施設を建設したり,公共施設を建て替えたりすることも想定すると,PFIという手法は非常に魅力的に見えてきます。

特に,事業経営を民間委託することが前提となっていますので,効率的に運営を行えるような施設の設計・整備も民間事業者に行ってもらえれば,高い **VFM**(Value for Money)を実現できそうです。

ここでVFMという用語は,「同じ金額でどれだけ大きな価値を生み出せるか」という意味の言葉です。PFIの議論の中では,VFMは,PFIの手法を使った場合,既存の公有公営事業方式と比べて何%くらいの節約ができるかを推計した指標を指します。

PFIでは,資金調達まで民間事業者が行いますので,完全民営化と考えられるかもしれません。しかし,一般的なPFIの方式である **BOT** 方式および **BTO** 方式という言葉は,それぞれ,Build-Operate-Transfer(施工・運営・譲渡)およびBuild-Transfer-Operate(施工・譲渡・運営)という言葉の頭文字をとったもので,譲渡(所有権移転)という言葉を含んでいます。

BOT方式の場合,民間事業者が資金調達を行って作った施設は,一定期間は事業者が所有し運営することになりますが,契約で定められた一定期間後は所有権を政府に移転します。日本でよく用いられるBTO方式の場合,施設は建設後すぐに政府に移転されます。いずれの場合も,最終的に施設は公有施設となりますので,公有民営方式の1つと位置付けられます。

政府から見ると,資金調達まで民間事業者が行ってくれるのは,大変あり

がたいことですが，その代償はどのようなものなのでしょうか．

PFIでは，資金調達を行った民間事業者に，政府がサービス購入料を一定期間支払う**サービス購入型**と，政府からの支払いはなく民間事業者が事業収入を直接受け取る**独立採算型**があります．前者の例としては，自ら事業収入を得ることが難しい刑務所のPFIなどがあります．一方，後者の事例としては，公共の文化施設やスポーツ施設など，運営者が利用料金を徴収できるような施設のPFIなどがあります．また，これら2つの混合型もあります．

このように，政府が公債発行や借り入れを行うことなく，一種の使用料を支払い続けることで，最終的に公有資産を保有できることは魅力的です．特に，巨額の公的債務を抱える政府にとっては，公有資産を見えない借金で手に入れられる有り難い仕組みと考えられます．しかし，その代償として，民間事業者が資金調達を行いますので，政府（国民）は，民間事業者への手数料も含めて，自ら資金調達を行うときより高い負担をすることになります．

一般に民間事業者の資金調達コストは，政府のそれより大きくなってしまいますので，資金調達は政府が行い，施設の設計・施工までを民間事業者に行ってもらう方式が，PFIよりも良いのではないかとも考えられます．この方式は，**DBO**（Design-Build-Operate）方式とも呼ばれています．また，第3章で紹介した**財政投融資制度**では，政府が資金調達を行い，設計・施工を民間が行う事業が数多くあります．

この方式では，公共施設の設計・施工から経営までを民間事業者が行うことで効率性が高まるとともに，資金調達は政府が行うことで，資金調達のコストを抑えられます．ただし，PFIで期待される資金の貸し手による監視は欠けてしまうため，プロジェクトの健全性などへのチェックが甘くなってしまう可能性があります．

しかし，たとえば，サービス購入型の場合などは，政府は確実に支払いを行うと考えられるため，資金の貸し手はリスクが存在するとは考えず，監視も行わないでしょう．この場合，PFIで高い資金調達コストを支払うより，DBO方式が優れていると考えられます．

なお，日本では，PFI での民間事業者が資金調達を行いやすくするように，2011 年に**コンセッション方式**と呼ばれる手法が導入されました。これは，民間事業者に，公共施設で料金徴収を得られる事業の独占的運営権を与えて，事業を実施してもらう方式です。運営権という権利が明確になることで，たとえば，それを担保に資金調達を行うことも可能になってきます。公民連携のさまざまな手法が，今後とも開発されていくことでしょう。

4 新しい公共経営

政府のすべての事業を「民営化」することはできません。そこで，公有公営で行う事業に関しても，政府の失敗の問題を可能な限り小さくする取り組みが求められます。**新公共経営**（New Public Management：NPM）という用語は，民営化の手法などを含む用語として用いられる場合もありますが，ここでは，民間の優れた経営手法などを取り入れた公営事業の経営手法を「**新しい公共経営**」と呼んで，紹介したいと思います。

4.1 エージェンシー化

「政府の失敗」の問題の源泉は，政府への監視の甘さと政府の仕事の目標の曖昧さという 2 つの問題にあります（第 2 章 **4.1** 項）。新しい公共経営の基本的な考え方は，これらの問題を緩和することで，政府の失敗の問題を小さくするというものです。

その手法の 1 つとして，エージェンシー化があります。本章 **3.1** 項で見たように，民間委託が事業効率化やサービス改善につながりやすいのは，委託先と明示的な契約を結ぶことで，仕事の目標・成果が明確にされると同時に，契約が履行されているかを行政が監視するようになるからだと考えられます。

民間に仕事を委託することが難しい場合でも，政府内に独立した組織を作り，政府がその組織と一定の契約を結び，契約がきちんと履行されているか

を監視することで，事業効率化やサービス改善につながる可能性が生まれます。これが**エージェンシー化**と呼ばれる手法です。経済学の言葉で言えば，プリンシパル・エージェント関係を政府内の組織に明示的に作り出すことで，各事業の規律付けが行われやすい環境を作ることと説明できます。

日本でも，独立行政法人と呼ばれる一定の独立性が与えられた組織（法人）が政府部門の中に，数多く作られています。従来は文部科学省の一部であった国立大学も，一定の独立性を与えられて国立大学法人となりました。これも，理論的に言えば，エージェンシー化の一例と考えられます。

このような「エージェンシー」と呼ばれる組織では，一定の独立性や権限が与えられることで，現場の状況を踏まえた効率的な事業経営を行えるようになることがメリットです。その一方で，事業の目標を明確にし，その目標が達成されたかに関して成果の評価を受けることになりますので，責任も大きくなります。そこで生まれる緊張関係が，効率化とサービスの向上につながると考えられるのです。

4.2 民間経営手法の導入

従来からの公営事業（上下水道事業，公立病院，公営交通事業など）においても，上述のようなエージェンシー化の考え方が適用される傾向にあります。より多くの独立性と権限が与えられる一方で，目標設定や成果の評価などが行われるようになりました。

そのような組織では，これまでの「運営」を見直し，期待される結果を出すための「経営」を行っていくことが求められています。そのために，民間の経営手法が取り入れられるようになってきました。さまざまな民間経営手法がありますが，公共経営の現場でもよく聞くようになった「見える化（可視化）」と「PDCAサイクル」の考え方を紹介しておきましょう。

見える化とは，今まで曖昧であった目標や成果を，みんなが見ることができ，共有できるものにしましょうという取り組みです。目標や成果を数値で表すことは，非常にわかりやすい「見える化」ですね。ただ，その一方で，

数値化が難しい目標や成果もあります。その場合は,目標や成果を明確に文章化するだけでも「見える化」することは可能です。見える化を通じて,明確な目標や成果が共有されることになれば,その実現のために組織全体が動きやすくなるでしょう。

さらに,目標だけでなく,プロセスも明確になれば,組織はさらに効果的に目標達成のために取り組めるようになります。**PDCA サイクル**は,そのようなプロセスに関する理論(考え方)の1つです。PDCA は,それぞれ Plan-Do-Check-Action(計画・実施・評価・改善)という英語の単語の頭文字をとって並べたものです。

事業の経営は,まず事業計画(Plan)の作成から始まります。その計画に基づいて事業が実施(Do)されますが,大切なのは,その成果をきちんと評価(Check)することです。そしてその評価の過程で生まれる改善案を行動(Action)につなげることが,よりよい事業経営につながります。

さらに PDCA サイクルで重要なのは,このプロセスをサイクルとして回し続けるということです。つまり,評価を踏まえて生まれた改善案を行動につなげた上で,よりよい事業計画を作り,それを実施し,評価を受けて,改善につなげる。そのようなサイクルを続けることで,組織は高みを目指して動き始め,よりよい成果を生み出し続けられるようになると考えられます。

問題は,政府という組織が,このような見える化や PDCA サイクルを実施できる状態にあるかどうかです。組織改革は,民間企業でも最も難しいことの1つです。多くの人に納得してもらえるような経営手法を知っておくことは,組織改革の第1歩と考えられます。

政府の失敗の問題を可能な限り小さくすることができる社会は,市場の失敗の問題を改善できる社会です。よりよい社会を実現するために,中央政府でも地方政府でも,優れた経営手法を取り入れながら,よりよい公共経営が行われることを期待したいと思います。

Working　　　　　　　　　　　　　　　　　　　　調べてみよう

1. 巨額の債務を保有していた国鉄や道路公団の民営化が，どのように行われたか調べてみよう。
2. 電電公社を民営化する際に，所有者であった国は，NTTの株式を売却することで収益を得た。どれくらいの収益を得たか調べてみよう。
3. あなたの住む自治体で，公有民営で行われている事業を調べてみよう。

Check　　　　　　　　　　　　　　　　　　　　説明してみよう

1. 公民連携では，政府の失敗の問題がどのようにして改善されるのか，説明してみよう。
2. 「採算が合わないと考えられる公営事業は民営化すべきでない」という議論は基本的に誤っている。その理由を説明してみよう。
3. PFIのメリットとデメリットについて説明してみよう。
4. 見える化やPDCAサイクルは個人の生活を改善するためにも有用である。目標や成果を見える化し，PDCAサイクルを毎月1回まわすことで，ダイエットを成功させる方法を考えて，説明してみよう。

Discussion　　　　　　　　　　　　　　　　　　　議論しよう

　子育て支援で重要な役割を果たす「認可保育所」の多くは民有民営の形で行われているが，公営で行われている自治体も多い。民営化が望ましいか否かは，政府による間接的な介入が適切に行えるか否かによると考えられる。公立認可保育所の民営化は望ましいと言えそうかどうか，議論してみよう。

▶▶▶ さらに学びたい人のために

　財政学に関心を持ち，より深く学んでみたいと思った方は，ぜひ，小川・西森 [2015]，畑農・林・吉田 [2008]，土居 [2002]，林・小川・別所 [2010] などの教科書を手にとってみてください。以下では，各章ごとに，さらに深く学んでみたい人の参考になる発展的な教科書や参考図書を，紹介しておきます。

▶ **第 1 章「政府の役割」**

- 政府の機能に関する議論については小川・西森 [2015, 第 1 章]，需要・供給分析については同書第 2 章を参考にしてください。福祉国家の出現については山重 [2013, 第 2 章]，本書で紹介した公平性の考え方については，山重 [2000] も参考にしてみてください。

▶ **第 2 章「市場と政府」**

- 市場の分析については小川・西森 [2015, 第 2 章]，市場の失敗および政府の失敗については山重 [2013, 第 2 章] を参考にしてください。アロウの不可能性定理については，奥野・鈴村 [1988, 第 36 章] が詳しいです。

▶ **第 3 章「財政の仕組み」**

- 財政制度については井堀・土居 [2000] が参考になりますが，毎年のように制度改正がありますので，最新情報はインターネット等で調べてください。家族や共同体に関する議論は，山重 [2013] を参考にしてください。

▶ **第 4 章「公共財」**

- 公共財の理論については小川・西森 [2015, 第 4 章]，公共財の私的供給の問題については山重 [2013, 第 6 章] が，参考になるでしょう。

▶ **第 5 章「経済政策」**

- 競争政策と規制については小川・西森 [2015, 第 7 章，第 8 章]，マクロ経済政策については小川・西森 [2015, 第 12 章] を参考にしてください。

▶ **第 6 章「社会保障制度」**

- 社会保障制度については，小塩 [2013] が詳しく，参考になります。年金制度については小川・西森 [2015, 第 11 章] も参考にしてください。

▶ **第 7 章「社会政策」**
- 外部性一般に関する議論に関しては小川・西森 [2015, 第 6 章], 子育て支援については山重 [2013, 第 8 章] も参考にしてください。

▶ **第 8 章「税制の設計」**
- 税の効果の分析は小川・西森 [2015, 第 9 章, 第 10 章], さらに高度な分析に関しては土居 [2002, 第 3 章～第 5 章] が参考になります。

▶ **第 9 章「直接税」**
- 個人所得税に関しては土居 [2002, 第 5 章], 法人税の効果に関する詳細な分析は土居 [2002, 第 6 章] を参考にしてください。

▶ **第 10 章「間接税と税制改革」**
- 消費税に関する分析については小川・西森 [2015, 第 10 章], さらに高度な分析については, 消費税に関しては土居 [2002, 第 4 章], 国際課税に関しては土居 [2002, 第 14 章] が参考になります。

▶ **第 11 章「政府の借金」**
- 公債に関する分析や議論については小川・西森 [2015, 第 13 章] や土居 [2002, 第 11 章] も参考にしてみてください。

▶ **第 12 章「地方分権」**
- 地方財政に関しては, 土居 [2002, 第 9 章, 第 10 章] が詳しい分析や議論を行っています。

▶ **第 13 章「政治の仕組み」**
- 社会選択の分析については小川・西森 [2015, 第 5 章], 公共選択の問題については, 土居 [2002, 第 16 章] も参考になります。

▶ **第 14 章「公民連携」**
- 財政学の中では, 比較的新しい分野で, 初心者向けの概説書は少ないのですが, 山重・大和総研経営戦略研究所 [2007] は, 交通ネットワーク事業を事例とした議論を行っており, 参考になるかもしれません。

参考文献

- 井堀利宏・土居丈朗［2000］『財政読本（第5版）』東洋経済新報社。
- 小川光・西森晃［2015］『ベーシック＋　公共経済学』中央経済社。
- 奥野正寛・鈴村興太郎［1988］『ミクロ経済学Ⅱ』岩波書店。
- 小塩隆士［2013］『社会保障の経済学（第4版）』日本評論社。
- 厚生労働省［2013］『平成25年版　労働経済の分析―構造変化の中での雇用・人材と働き方』
（http://www.mhlw.go.jp/wp/hakusyo/roudou/13/13-1.html）
- 土居丈朗［2002］『入門 公共経済学』日本評論社。
- 畑農鋭矢・林正義・吉田浩［2008］『財政学をつかむ』有斐閣。
- 林正義・小川光・別所俊一郎［2010］『公共経済学』有斐閣。
- 山重慎二［2000］「公平性の観点からの政策評価」『会計検査研究』第22号，33-45頁。
（http://www.jbaudit.go.jp/effort/study/mag/pdf/j22d03.pdf）
- 山重慎二［2013］『家族と社会の経済分析―日本社会の変容と政策的対応』東京大学出版会。
- 山重慎二・大和総研経営戦略研究所編著［2007］『日本の交通ネットワーク』中央経済社。

索引

英数

1票の平等 ... 201
2分2乗方式 ... 141
4条公債 ... 168
BOT ... 224
BTO ... 224
COP ... 120
CVM ... 76
DBO ... 225
GATT ... 156
PDCAサイクル ... 228
PFI ... 169, 222, 224
PPP ... 220
TFP ... 84
VAT ... 152
VFM ... 224
WTO ... 156

あ

赤字国債 ... 168, 172
足による投票 ... 189
新しい公共経営 ... 226
新しい古典派 ... 83
アバーチ＝ジョンソン効果 ... 78
飴と鞭の政策 ... 18
育児休業 ... 108
遺産取得税型 ... 146
遺産税型 ... 146
遺産動機 ... 147
維持管理費用 ... 72
医師誘発需要 ... 99
一定税率 ... 165

一般会計 ... 43, 44, 45
一般定額補助金 ... 48, 193
移転価格 ... 158
移転価格税制 ... 158
医療計画 ... 99
医療保険 ... 19
インセンティブ ... 40
インセンティブ規制 ... 78
インボイス ... 152
受取意思額 ... 31
エージェンシー化 ... 227
エージェンシー問題 ... 210
益税 ... 152
応益課税 ... 138
応益原則 ... 125, 137, 148, 158, 172
黄金律 ... 85
応能課税 ... 138
応能原則 ... 125, 148, 158, 173
大きな政府 ... 30

か

解雇 ... 106
外交 ... 70
外国税額控除 ... 158
介護保険特別会計 ... 46
外注 ... 223
皆年金 ... 94
外部経済 ... 37
外部効果 ... 37
外部性 ... 37, 59
外部費用 ... 117
外部不経済 ... 37
皆年金 ... 47, 94
皆保険 ... 47, 97

233

価格競争	79	企業	55
価格弾力性	130	気候変動枠組条約	119
確定給付方式	95	基準財政収入額	195
確定拠出方式	95, 97	基準財政需要額	194
可処分所得	81	規制	118
課税	19, 118	基礎控除	141
課税最低限	126, 162	基礎自治体	44
課税自主権	133, 165	基礎的財政収支	50, 171
課税所得	140	基礎年金	95
課税単位	141	帰着	126, 149
課税の本質	122	既得権益	203
課税ベース	124	規範的アプローチ	21, 53
寡占	36	規模の経済性	37, 59, 76, 190, 219
仮想市場評価法	63, 75	基本的人権の保障	39
過疎化	86	逆進性	143, 154, 160
家族	55	逆進的	53
家族の変容	55	逆選択問題	38, 91, 92
過疎の罠	196	逆弾力性ルール	130
価値観	54, 56	キャピタル・ゲイン	139
ガバナンス	40, 211	救済	211
寡婦控除・寡夫控除	141	救貧	17, 102
貨幣供給量	83	給付	162
可変費用	32	給付付き税額控除	107, 162
過密化	86	給与所得控除	141
神の見えざる手	28	教育政策	113
環境税	118	教育投資	112
監視	221	協会けんぽ	98
監視役	213	協議制	165
関税自主権	157	供給	23
間接介入	222	供給曲線	23, 32, 34
間接税	123	供給サイド	83
完全インピュテーション方式	145	共済組合	98
完全競争	24	共済年金	95
完全平等	126	共産主義	18, 27
完全不平等	126	共助	88, 89, 90
完全民営化	221	競争均衡	24
簡素	122, 123	共同体	55
官房学	20	京都メカニズム	120
議会制民主主義	16	共有地の悲劇	59
機会の平等	22, 39, 125	居住地主義	157

居住地選択	189
均衡	24
均衡財政	177
均等割	137
国	43
組合健康保険	98
クラーク・グローブズ・メカニズム	64
クラウディング・アウト効果	180
クラウディング・アウト命題	67
クラウディング・イン効果	180
クラブ財	61, 70
繰入金	45, 46
繰出金	46
グローバル化	106
経営	217
計画経済	28
軽減税率	129, 144
経済成長	84
経済成長モデル	84
経済の安定	20
経済連携協定	156
啓蒙主義	15, 18
契約	223
ケインジアン	82
結託	214
限界効用	33
限界消費性向	81
限界税率	125
限界代替率	64
限界費用	31
限界費用価格規制	78
限界変形率	64
現金給付	111
権限移譲	164
現在価値	52, 73
建設国債	168, 172
源泉地主義	157
源泉徴収	140
現物給付	111, 139
広域性	191
広域連携	192
高額療養費制度	99
後期高齢者医療制度	98
公共サービス	190
公共財	59, 60
公共財の公的供給	67
公共財の私的供給	65
公共資本	72
公共性	40, 59, 222
公共選択	41
公共投資	72
合計特殊出生率	109
公債	167
公債残高	49
厚生	28
厚生経済学	28
厚生経済学の第1定理	28
厚生経済学の第2定理	29
厚生年金	95
公正報酬率規制	78
公的債務	168
公的年金等控除	141
公的扶助	47, 90
公的保険	92
公費負担	98
交付団体	194
公平	22, 122
公平性	21
公民連携	216, 218
効用	33
小売売上税	152
効率	122, 123
効率性	21
公立病院	99
合理的期待学派	83
高齢化率	97
コースの定理	119, 192
コーポレート・ガバナンス	214
国債	167, 168
国際公共財	70

国際問題	71
国内産業保護	156
国民健康保険	98
国民年金	95
国民負担率	49
個人	55
個人所得税	136
国庫支出金	44, 48, 193
固定資産	148
固定資産税	136, 148
固定費用	72
古典派経済学	83
子どもの人権保障	112
子どもの貧困	104
コモンズ	59
雇用保険	93, 107
婚外子	110
コンセッション方式	226
コンテスタブル市場	79
コンパクト・シティ	86
コンパクト化	86

さ

サービス供給	188
サービス購入型	225
財源移譲	164
財源調達	188
財産	15
在職老齢年金制度	97
財政赤字	49
財政移転	48
財政学	19
財政健全化法	214
財政再建法	214
財政投融資制度	45, 225
財政投融資特別会計	46
財政破綻	170
財政法第4条	168

最低限所得制度	107
最低生活水準	102
最低生活の原理	101
最低賃金	107
最適所得税	143
最適成長	85
再保険	176
債務継承	220
債務超過	170
サプライ・サイド	83
差別価格	69
サマリヤ人のジレンマ問題	54
サミュエルソン条件	64
産業組織論	79
サンク・コスト	74
三権分立	15, 41
参入障壁	79
死荷重	35
自家消費	139
資源の効率的な配分	20
自己負担	99
事実解明アプローチ	21, 54
死重損失	35, 129
支出税	155
自助	88, 89
市場	23
市場均衡	24
市場経済	16, 24, 27
市場の失敗	28, 29, 35
市場の創出	118
地震保険	176
自然権	15
自然状態	15
自然独占	37, 77
市町村合併	44, 197
失業保険	93, 106, 176
私的限界費用	117
私的財	60
児童手当	111
ジニ係数	126

支払意思額	32		純粋公共財	60
死票	201		生涯所得	154
司法制度	39		少額投資非課税制度	145
資本	25		乗数	81
資本化	149		消費者余剰	30, 32
資本主義	18		消費税	129
資本所得	139		消費的動機	110
市民革命	16, 18		消費の連鎖的な変化	82
シャウプ勧告	143, 148		情報の非対称性	38, 91
社会契約論	15, 18		将来時点の負担	179
社会厚生関数	54		将来世代の負担	179
社会資本	72		条例	165
社会主義運動	18		所得	138
社会選択	41		所得効果	128
社会選択理論	203		所得控除	140, 162
社会的限界費用	117		所得税	131
社会的入院	100		所得代替率	97
社会的費用便益分析	53		所得の公平な分配	20
社会的扶養	105		所得の定義	139
社会的余剰	34		所得の分類	140
社会保険	18, 47, 90		所得補助	115
社会保険料	159		所得割	137
社会保険料控除	141		所有	217
社会保障関係費	47		自立支援	103
社会保障給付費	47		資力調査	102
社会保障制度	18, 47, 88		人口移動	85
自由	15, 94		新公共経営	226
収益性	68		人口置換水準	109
従価税	151, 156		申告分離課税	144
終身年金	94		人的資本	172
修正積立方式	94		人民主権	16
集積	85		垂直的公平性	124, 173
十分条件	74		水平的公平性	124
自由貿易	156		スピルオーバー効果	70, 191
自由貿易協定	156		住み分け	189
従量税	151, 156		性悪説	54
需要	23		税額控除	140, 162
需要曲線	23, 33, 34		生活保護費	102
準公共財	61		税源移譲	197
純債務	170		性差別	141

万人の万人に対する闘争	15
ピア効果	114
非営利制約	99
非営利組織	55
非営利法人	138
非競合性	59
ピグー税	118
ピグー補助金	118
非正規労働者	106
非弾力的	25
非嫡出子	110
必要条件	74
非排除性	59
標準税率	165
費用逓減	36
費用逓減産業	77
費用便益分析	54, 72, 73
比例労働所得税	153
貧困の連鎖	103, 108
貧困の罠	103, 108, 196
品質保証制度	38
風評	38
付加価値税	152
不可能性定理	41, 203
賦課方式	94
不完全競争	37
不完備契約	39, 41
不完備情報	38, 40
副作用	109
福祉元年	19
福祉元年宣言	110
福祉国家	30
福祉的役割	17
不交付団体	194
不公平性	39
不純な利他心	66, 68
普通交付税	194
物品税	129
不当な羨望	22
負の外部性	37, 117

負の所得税	108
富裕税	148
扶養義務	90
プライス・キャップ規制	78
フライペーパー効果	194
プライマリー・バランス	50
武力	70
分権化	188, 198
分権化定理	190
分離課税	139
平均税率	126
平均費用	36
平均費用価格規制	78, 220
ヘイグ・サイモンズの定義	139
平和憲法	70
ヘドニック・プライス法	75, 148
便益	13, 125
保育サービス	112
包括的所得税	139
法人擬制説	137
法人事業税	137
法人実在説	137
法人住民税	137
法人所得	137, 144
法人税（法人所得税）	137, 148
法体系	14, 39
法定外税	165
法定税	165
法定相続割合	147
放漫経営	211
保険	88
保険原理	160
補足性の原理	102

ま

埋没費用	74
マクロ経済スライド方式	97
マクロ経済政策	80

マニフェスト 204
マネタリスト 83
ミーンズ・テスト 102
見える化 227
未実現キャピタル・ゲイン 139
未納・未加入 103
未納・未加入問題 161
民営化 69, 217, 222
民間委託 222
民間部門 25
民主主義 14
民主主義の失敗 16, 43
メカニズム・デザイン 64
メカニズム・デザイン問題 55
メンタルヘルス 108
モラル・ハザード行動 93
モラル・ハザード問題 38, 91

や

ヤードスティック規制 78
夜警国家 30
有害な租税競争 133, 189
ゆりかごから墓場まで 18
要介護度 100
要支援度 100
余暇時間 129
予期されない政策 83
予防的政策 103

ら

利益団体 207

リカード・バローの中立命題 182
リカードの中立命題 181
利子所得 131
利子率 25
リスク 88
リスク・シェアリング 90
リスク回避的 88
利他心 66, 68
リバイアサン 15
流動性制約 182
臨時財政対策債（臨財債） 169, 195
リンダール均衡 64
累進性 125, 137
累進税 125
レント・シーキング活動 207
連邦制国家 198
労働 25
労働権の保障 112
労働所得 129, 131
ロック・イン効果 149
ロビー活動 207

わ

ワーク・ライフ・バランス 108
賄賂 213
割引現在価値 73

▶著者紹介

山重 慎二（やましげ しんじ）

1962年,鹿児島県生まれ。1985年,一橋大学経済学部卒業。1988年にアメリカのジョンズ・ホプキンス大学に留学。1992年,同大学経済学研究科より博士号 (Ph.D. in Economics) を取得。トロント大学経済学部助教授を経て,1996年,一橋大学経済学部に着任。現在,一橋大学大学院経済学研究科および国際・公共政策大学院教授。

主な著書:

『昭和財政史 第4巻 租税』(共著,東洋経済新報社,2003年)。
『日本の交通ネットワーク』(共編著,中央経済社,2007年,第33回交通図書賞)。
『家族と社会の経済分析—日本社会の変容と政策的対応』(東京大学出版会,2013年,第56回日経・経済図書文化賞)。

財政学

2016年4月1日　第1版第1刷発行
2023年9月20日　第1版第4刷発行

著　者	山　重　慎　二	
発行者	山　本　　　継	
発行所	㈱中央経済社	
発売元	㈱中央経済グループ パブリッシング	

〒101-0051　東京都千代田区神田神保町1-35
電　話　03 (3293) 3371 (編集代表)
　　　　03 (3293) 3381 (営業代表)
http://www.chuokeizai.co.jp/
印刷／文唱堂印刷㈱
製本／誠　製　本㈱

©2016
Printed in Japan

＊頁の「欠落」や「順序違い」などがありましたらお取り替えいたしますので発売元までご送付ください。(送料小社負担)
ISBN 978-4-502-17531-2 C3033

JCOPY 〈出版者著作権管理機構委託出版物〉本書を無断で複写複製 (コピー) することは,著作権法上の例外を除き,禁じられています。本書をコピーされる場合は事前に出版者著作権管理機構 (JCOPY) の許諾を受けてください。
JCOPY 〈http://www.jcopy.or.jp　eメール:info@jcopy.or.jp〉